ESPAÑA INVERTEBRADA

OBRAS DE JOSÉ ORTEGA Y GASSET

	Pesetas.
MEDITACIONES DEL QUIJOTE. Vol. I; 2.ª edición...	5
PERSONAS, OBRAS, COSAS....................	3,50
EL ESPECTADOR. Núm. I. 1916.................	5

Contenido: Verdad y perspectiva. — Nada «moderno» y muy siglo XX.—Leyendo el «Adolfo», libro de amor.— Estética en el tranvía.—Tierras de Castilla.—Tres cuadros del vino.—Ideas sobre Pío Baroja.—El genio de la guerra y la guerra alemana. I.

EL ESPECTADOR. Núm. II. 1917; 2.ª edición......	5

Contenido: Democracia morbosa. — Para la cultura del amor.—Muerte y resurrección.—Azorín: Primores de lo vulgar.—El genio de la guerra y la guerra alemana.

EL ESPECTADOR. Núm. III. 1921................	5

Contenido: Sobre Anatole France.— Musicalia.—De Madrid a Asturias o los dos paisajes. — Biología y Pedagogía o el «Quijote» en la escuela. — Meditación del marco.

MEDITACIÓN DE DON JUAN. 1921................	6
ESPAÑA INVERTEBRADA	3,50
VIEJA Y NUEVA POLÍTICA	1,50

EN PRENSA

ESTUDIOS FILOSÓFICOS: *La superación del subjetivismo.*

INTRODUCCIÓN A LA ESTIMATIVA O CIENCIA DE LOS VALORES.

EL ESPECTADOR. Núm. IV.

EL REVERSO DEL MOVIMIENTO OBRERO Y OTROS ENSAYOS DE SOCIOLOGÍA.

ESPAÑA INVERTEBRADA

BOSQUEJO DE ALGUNOS
PENSAMIENTOS HISTÓRICOS

CALPE
MADRID
1921

Es propiedad.
Queda hecho el depósito que marca la ley.

ARTES DE LA ILUSTRACIÓN, PROVISIONES, 12.—MADRID

No creo que sea completamente inútil para contribuír a la solución de los problemas políticos distanciarse de ellos por algunos momentos situándolos en una perspectiva histórica. En esta virtual lejanía parecen los hechos esclarecerse por sí mismos y adoptar espontáneamente la postura en que mejor se revela su profunda realidad.

En este ensayo de ensayo es, pues, el tema histórico y no político. Los juicios sobre grupos y tendencias de la actualidad española que en él van insertos no han de tomarse como actitudes de un combatiente. Intentan más bien expresar mansas contemplaciones del hecho nacional, dirigidas por una aspiración puramente teórica y, en consecuencia, inofensiva.

INCORPORACIÓN Y DESINTEGRACIÓN

En la *Historia Romana* de Mommsen hay, sobre todos, un instante solemne. Es aquel en que, tras ciertos capítulos preparatorios, toma la pluma el autor para comenzar la narración de los destinos de Roma. Constituye el pueblo romano un caso único en el conjunto de los conocimientos históricos: es el único pueblo que desarrolla entero el ciclo de su vida delante de nuestra contemplación. Podemos asistir a su nacimiento y a su extinción. De los demás, el espectáculo es fragmentario: o no los hemos visto nacer, o no los hemos visto aún morir. Roma es, pues, la única trayectoria completa de organismo nacional que conocemos. Nuestra mirada puede acompañar a la ruda Roma *quadrata* en su expansión gloriosa por todo el mundo ecuménico, y luego verla contraerse en unas ruinas que no por ser ingentes dejan de ser míseras. Esto explica que hasta ahora sólo se haya podido construir una historia en todo el rigor científico del vocablo: la de Roma, Mommsen fué el gigantesco arquitecto de tal edificio.

Pues bien: hay un instante solemne en que Mommsen va a comenzar la relación de las vicisitudes de este pueblo ejemplar. La pluma en el aire, frente al blanco papel. Mommsen se reconcentra para elegir la primera frase, el compás inicial de su hercúlea sinfonía. En rauda procesión transcurre ante su mente la fila multicolor de los hechos romanos. Como en la agonía suele la vida entera del moribundo desfilar ante su conciencia, Mommsen, que había vivido mejor que ningún romano la existencia del Imperio latino, ve una vez más desarrollarse vertiginosa la dramática película. Todo aquel tesoro de intuiciones da el precipitado de un pensamiento sintético. La pluma suculenta desciende sobre el papel y escribe estas palabras: *La historia de toda nación, y sobre todo de la nación latina, es un vasto sistema de incorporación* (1).

Esta frase expresa un principio del mismo valor para la Historia que en la Física tiene este otro: la realidad física consiste últimamente en ecuaciones de movimientos. Calor,

---

(1) En la edición alemana no se habla de «incorporación» sino de «synoikismos». La idea es la misma: synoiquismo es literalmente convivencia, ayuntamiennto de moradas. Al revisar la traducción francesa prefirió Mommsen una palabra menos técnica.

luz, resistencia, cuanto en la Naturaleza no parece ser movimiento, lo es en realidad. Hemos entendido o explicado un fenómeno cuando hemos descubierto su expresión foronómica, su fórmula de movimiento.

Si el papel que hace en Física el movimiento lo hacen en Historia los procesos de incorporación, todo dependerá de que poseamos una noción clara de lo que es la incorporación.

Y al punto tropezamos con una propensión errónea, sumamente extendida, que lleva a representarse la formación de un pueblo como el crecimiento por dilatación de un núcleo inicial. Procede este error de otro más elemental que cree hallar el origen de la sociedad política, del Estado, en una expansión de la familia. La idea de que la familia es la célula social y el Estado algo así como una familia que ha engordado, es una rémora para el progreso de la ciencia histórica, de la sociología, de la política y de otras muchas cosas (1).

No; incorporación histórica no es dilatación de un núcleo inicial. Recuérdense a este pro-

---

(1) En mi estudio, aun no recogido en volumen, *El Estado, la juventud y el Carnaval*, expongo la situación actual de las investigaciones etnográficas sobre el origen de la sociedad civil. Lejos de ser la familia germen del Estado, es, en varios sentidos, todo lo contrario: en primer lugar, representa una formación posterior al Estado, y, en segundo lugar, tiene el carácter de una reacción contra el Estado.

pósito las etapas decisivas de la evolución romana. Roma es primero una comuna asentada en el monte Palatino y las siete alturas inmediatas: es la Roma Palatina, *Septimontium*, o Roma de la montaña. Luego, esta Roma se une con otra comuna frontera asentada sobre la colina del Quirinal, y desde entonces hay dos Roma: la de la montaña y la de la colina. Ya esta primera escena de la incorporación romana excluye la imagen de dilatación. La Roma total no es una expansión de la Roma Palatina, sino la articulación de dos colectividades distintas en una unidad superior.

Esta Roma palatino-quirinal vive entre otras muchas poblaciones análogas, de su misma raza latina, con las cuales no posee conexión política alguna. La identidad de raza no trae consigo la incorporación en un organismo nacional, aunque a veces favorezca y facilite este proceso. Roma tuvo que someter a las comunas del Lacio, sus hermanas de raza, por los mismos procedimientos que siglos más tarde había de emplear para integrar en el Imperio a gentes tan distintas de ella étnicamente como celtíberos y galos, germanos y griegos, escitas y sirios. Es falso suponer que la unidad nacional se funda en la unidad de sangre, y viceversa. La diferencia racial, lejos de excluir la incorporación histórica, subraya lo que hay de específico en la génesis de todo gran Estado.

Ello es que Roma obliga a sus hermanas del Lacio a constituir un cuerpo social, una articulación unitaria, que fué la *fœdus latina*, la federación latina, segunda etapa de la progresiva incorporación.

El paso inmediato fué dominar a etruscos y samnitas, las dos colectividades de raza distinta limítrofes del territorio latino. Logrado esto, el mundo italiota es ya una unidad históricamente orgánica. Poco después, en rápido, prodigioso *crescendo*, el resto de la humanidad conocido se agrega al torso italiano, formando la estructura gigante del Imperio. Esta última etapa puede denominarse de colonización.

Los estadios del proceso incorporativo forman, pues, una admirable línea ascendente: Roma inicial, Roma doble, federación latina, unidad italiota, Imperio colonial. Este esquema es suficiente para mostrarnos que la incorporación histórica no es la dilatación de un núcleo inicial, sino más bien la organización de muchas unidades sociales preexistentes en una nueva estructura. El núcleo inicial, ni se traga los pueblos que va sometiendo, ni anula el carácter de unidades vitales propias que antes tenían. Roma somete las Galias; esto no quiere decir que los galos dejen de sentirse como una entidad social distinta de Roma, y que se disuelvan en una gigantesca masa homogénea llamada Imperio romano. No; la cohesión gala perdura, pero queda articulada como una parte en un todo más amplio. Roma misma, núcleo inicial de la incorporación, no es sino otra parte del colosal organismo, que goza de un rango privilegiado por ser el agente de la totalización.

Entorpece sobremanera la inteligencia de lo histórico suponer que cuando de los núcleos inferiores se ha formado la unidad superior nacional, dejan aquéllos de existir como elementos activamente diferenciados. Lleva esta errónea idea a presumir, por ejemplo, que cuando Castilla reduce a unidad española a Aragón, Cataluña y Vasconia, pierden estos pueblos su carácter de pueblos, distintos entre sí y del todo que forman. Nada de esto: sometimiento, unificación, incorporación, no significan muerte de los grupos como tales grupos; la fuerza de independencia que hay en ellos perdura, bien que sometida; esto es, contenido su poder centrífugo por la energía central que los obliga a vivir como partes de un todo y no como todos aparte. Basta con que la fuerza central, escultora, de la nación —Roma en el Imperio, Castilla en España, la

Isla de Francia en Francia— amengüe, para que se vea automáticamente reaparecer la energía secesionista de los grupos adheridos.

Pero la frase de Mommsen es incompleta. La historia de una nación no es sólo la de su período formativo y ascendente: es también la historia de su decadencia. Y si aquélla consistía en una incorporación, ésta describiría el proceso inverso. La historia de la decadencia de una nación es la historia de una vasta desintegración.

Es preciso, pues, que nos acostumbremos a entender toda unidad nacional, no como una coexistencia inerte, sino como un sistema dinámico. Tan esencial es para su mantenimiento la fuerza central como la fuerza de dispersión. El peso de la techumbre gravitando sobre las pilastras no es menos esencial al edificio que el empuje contrario ejercido por las pilastras para sostener la techumbre.

La fatiga de un órgano parece a primera vista un mal que éste sufre. Pensamos, acaso, que en un ideal de salud la fatiga no existiría. No obstante, la fisiología ha notado que sin un mínimum de fatiga el órgano se atrofia. Hace falta que su función sea excitada, que trabaje y se canse para que pueda nutrirse. Es preciso que el órgano reciba frecuentemente pequeñas heridas que lo mantengan alerta. Estas pequeñas heridas han sido llamadas «estímulos funcionales»: sin ellas, el organismo no funciona, no vive.

Del mismo modo, la energía unificadora, central, de totalización —llámesele como se quiera—, necesita, para no debilitarse, de la fuerza contraria, de la dispersión, del impulso centrífugo perviviente en los grupos. Sin este estimulante, la cohesión se atrofia, la unidad nacional se disuelve, las partes se despegan, flotan aisladas y tienen que volver a vivir cada una como un todo independiente.

POTENCIA DE NACIONALIZACIÓN

El poder creador de naciones es un *quid divinum*, un genio o talento tan peculiar como la Poesía, la Música y la invención religiosa. Pueblos sobremanera inteligentes han carecido de esa dote, y, en cambio, la han poseído en alto grado pueblos bastante torpes para las faenas científicas o artísticas. Atenas, a pesar de su infinita perspicacia, no supo nacionalizar el Oriente mediterráneo; en tanto que Roma y Castilla, mal dotadas intelectualmente, forjaron las dos más amplias estructuras nacionales.

Sería de gran interés analizar con alguna detención los ingredientes de ese talento nacionalizador. En la presente coyuntura basta, sin embargo, con que notemos que es un talento de carácter imperativo, no un saber teórico, ni una rica fantasía, ni una profunda y contagiosa emotividad de tipo religioso. Es un saber querer y un saber mandar.

Ahora bien: mandar no es simplemente convencer ni simplemente obligar, sino una exquisita mixtura de ambas cosas. La sugestión moral y la imposición material van íntimamente fundidas en todo acto de imperar. Yo siento mucho no coincidir con el pacifismo contemporáneo en su antipatía hacia la fuerza; sin ella no habría habido nada de lo que más nos importa en el pasado, y si la excluímos del porvenir sólo podremos imaginar una humanidad caótica. Pero también es cierto que con sólo la fuerza no se ha hecho nunca cosa que merezca la pena.

Solitaria, la violencia fragua pseudoincorporaciones que duran breve tiempo y fenecen sin dejar rastro histórico apreciable. ¿No salta a la vista la diferencia entre esos efímeros conglomerados de pueblos y las verdaderas, sustanciales incorporaciones? Compárense los formidables imperios mongólicos de Chengis-Jan o Timur con la Roma antigua y las modernas naciones de Occidente. En la jerarquía de la violencia, una figura como la de Chengis-Jan es insuperable. ¿Qué son Alejandro, César o Napoleón emparejados con el terrible genio de Tartaria, el sobrehumano nómada, domador de medio mundo, que lleva su *yurta* cosida en la estepa desde el extremo Oriente a los contrafuertes del Cáucaso? Frente al Jan tremebundo, que no sabe leer ni escribir, que ignora todas las religiones y desconoce todas las ideas, Alejandro, César, Napoleón son propagandistas de la *Salvation Army*. Mas el imperio tártaro dura cuanto la vida del herrero que lo lañó con el hierro de su espada; la obra de César, en cambio, duró siglos y repercutió en milenios.

En toda verdadera incorporación, la fuerza tiene un carácter un adjetivo: la potencia sustantiva consiste siempre en un dogma nacional, *un proyecto sugestivo de vida en común*. Repudiemos toda interpretación estática de la convivencia nacional y sepamos entenderla dinámicamente. No viven juntas las gentes sin más ni más y porque sí; esa cohesión *á priori* sólo existe en la familia. Los grupos que integran un Estado viven juntos para algo: son una comunidad de propósitos, de anhelos, de grandes utilidades. No conviven *por estar* juntos, sino *para hacer* juntos algo. Cuando los pueblos que rodean a Roma son sometidos, más que por las legiones, se sienten injertados en el árbol latino por una ilusión. Roma les sonaba a nombre de una gran empresa vital donde todos podían colaborar; Roma era un proyecto de organización universal; era una tradición jurídica superior, una admirable administración, un tesoro de ideas recibidas de Grecia que prestaban un brillo superior a la vida, un repertorio de nuevas fiestas y mejores placeres. El día que Roma dejó de ser este proyecto de cosas por hacer mañana, el Imperio se desarticuló.

No es el ayer, el pretérito, la tradición, lo decisivo para una nación. Este error nace, como ya he indicado, de buscar en la familia, en la comunidad nativa, previa, ancestral, en el pretérito, en suma, el origen del Estado. Las naciones se forman y viven de tener un programa para el mañana.

En cuanto a la fuerza, no es difícil determinar su misión. Por muy profunda que sea la necesidad histórica de la unión entre dos pueblos, se oponen a ella intereses particulares, caprichos, vilezas, pasiones, y, más que todo esto, prejuicios colectivos instalados en la superficie del alma popular que va a aparecer como sometida. Nada de eso es hondo históricamente, ni siquiera humanamente; son lo patológico del hombre, los estorbos para la historia. Contra ello sólo es eficaz el poder de la fuerza, la gran cirugía política.

Desde estos pensamientos, como desde un observatorio, miremos ahora en la lejanía de una perspectiva casi astronómica el presente de España.

¿POR QUÉ HAY SEPARATISMO?

Uno de los fenómenos más característicos de la vida política española, en los últimos veinte años, ha sido la aparición de regionalismos, nacionalismos, separatismos; esto es, movimientos de secesión étnica y territorial. ¿Son muchos los españoles que hayan llegado a hacerse cargo de cuál es la verdadera realidad histórica de tales movimientos? Me temo que no.

Para la mayor parte de la gente, el «nacionalismo» catalán y vasco es un movimiento artificioso que, inventado, por decirlo así, «a nihilo», sin causas ni motivos profundos, empieza de pronto unos cuantos años hace. Según esta manera de pensar, Cataluña y Vasconia no eran antes de ese movimiento unidades sociales distintas de Castilla o Andalucía. Era España una masa homogénea, sin discontinuidades cualitativas, sin confines interiores de unas partes con otras. Hablar ahora de regiones, de pueblos diferentes, de Cataluña, de Euzkadi, es cortar con un cuchillo una masa homogénea y tajar cuerpos distintos en lo que era un compacto volumen.

Unos cuantos hombres, movidos por codicias económicas, por soberbias personales, por envidias más o menos privadas, van ejecutando deliberadamente esta faena de despedazamiento nacional, que sin ellos y su caprichosa labor no existiría. Los que tienen de estos movimientos secesionistas pareja idea, piensan, con lógica consecuencia, que la única manera de combatirlos es ahogarlos por directa estrangulación: persiguiendo sus ideas, sus organizaciones y sus hombres. La forma concreta de hacer esto es, por ejemplo, la siguiente: En Barcelona y Bilbao luchan «nacionalistas» y «unitarios»; pues bien: el Poder central deberá prestar la incontrastable fuerza de que como Poder total goza, a una de las partes contendientes; naturalmente, la unitaria. Esto es, al menos, lo que piden los centralistas vascos y catalanes, y no es raro oír de sus labios frases como éstas: «Los separatistas no deben ser tratados como españoles»; «todo se arreglará con que el Poder central nos envíe un gobernador que se ponga a nuestras órdenes».

Yo no sabría decir hasta qué extremado punto discrepan de las referidas mis opiniones sobre el origen, carácter, transcendencia y tratamiento de esas inquietudes secesionistas. Tengo la impresión de que el unitarismo, que hasta ahora se ha opuesto a catalanistas y bizcaitarras, es un producto de cabezas catalanas y vizcaínas nativamente incapaces —hablo en general y respeto todas las individualidades— para comprender la historia de España. Porque, no se le dé vueltas: España es una cosa hecha por Castilla, y hay razones para ir sospechando que, en general, sólo cabezas castellanas tienen órganos adecuados para percibir el gran problema de la España integral. Más de una vez me he entretenido imaginando qué habría acontecido si, en lugar de hombres de Castilla, hubiesen sido encargados, mil años hace, los unitarios de ahora, catalanes y vascos, de forjar esta enorme cosa que llamamos España. Yo sospecho que, aplicando sus métodos y dando con sus testas en el yunque, lejos de arribar a la España una, habrían dejado la península convertida en una pululación de mil cantones. Porque, como luego veremos, en el fondo, esa manera de entender los «nacionalismos» y ese sistema de dominarlos es, a su vez, separatismo y particularismo; es catalanismo y bizcaitarrismo, bien que de signo contrario.

TANTO MONTA

Para quien ha nacido en esta cruda altiplanicie que se despereza del Ebro al Tajo, nada hay tan conmovedor como reconstruir el proceso incorporativo que Castilla impone a la periferia peninsular. Desde un principio, se advierte que Castilla sabe mandar. No hay más que ver la energía con que acierta a mandarse a sí misma. Ser emperador de sí mismo es la primera condición para imperar a los demás. Castilla se afana por superar en su propio corazón la tendencia al hermetismo aldeano, a la visión angosta de los intereses inmediatos que reina en los demás pueblos ibéricos. Desde luego se orienta su ánimo hacia las grandes empresas, que requieren amplia colaboración. Es la primera en iniciar largas, complicadas trayectorias de política internacional; otro síntoma de genio nacionalizador. Las grandes naciones no se han hecho desde dentro, sino desde fuera; sólo una acertada política internacional, política de magnas empresas, hace posible una fecunda política interior, que es siempre, a la postre, política de poco calado. Sólo en Aragón existía, como en Castilla, sensibilidad internacional, pero contrarrestada por el defecto más opuesto a esa virtud: una feroz suspicacia rural aquejaba a Aragón, un irreductible apego a sus peculiaridades étnicas y tradicionales. La continuada lucha fronteriza que mantienen los castellanos con la Media Luna, con otra civilización, permite a éstos descubrir su histórica afinidad con las demás Monarquías ibéricas, a despecho de las diferencias sensibles: rostro, acento, humor, paisaje. La «España una» nace así en la mente de Castilla, no como una intuición de algo real —España no era, en realidad, una—, sino como una idea abstracta de algo *realizable*, un proyecto incitador de voluntades, «un mañana imaginario capaz de disciplinar el hoy», a la manera que el blanco atrae la flecha y tiende el arco. No de otra suerte, los codos en su mesa de hombre de negocios, inventa Cecil Rhodes la idea de la Rhodesia: un Imperio que podía ser creado en la entraña salvaje del Africa. Cuando la tradicional política de Castilla logra conquistar para sus fines el espíritu claro, penetrante de Fernando el Católico, todo se hizo posible. La genial vulpeja aragonesa comprendió que Castilla tenía razón, que era preciso domeñar la hosquedad de sus paisanos e incorporarse a una España mayor. Sus pensamientos de alto vuelo sólo podían ser ejecutados desde Castilla, porque sólo en ella encontraban nativa resonancia. Entonces se logra la unidad española; mas ¿para qué, con qué fin, bajo qué ideas ondeadas como banderas incitantes? ¿Para vivir juntas, para sentarse en torno al fuego central, a la vera unos de otros, como viejas sibilantes en invierno? Todo lo contrario. La unión se hace para lanzar la energía española a los cuatro vientos, para inundar el planeta, para crear un Imperio aun más amplio. La unidad de España se hace para esto y por esto. La vaga imagen de tales empresas es una palpitación de horizontes que atrae, sugestiona e incita a la unión, que funde los temperamentos antagónicos en un bloque compacto. Para quien tiene buen oído histórico, no es dudoso que «la unidad española fué, ante todo y sobre todo, la unificación de las dos grandes políticas internacionales que a la sazón había en la península»: la de Castilla, hacia Africa y el centro de Europa; la de Aragón, hacia el Mediterráneo. El resultado fué que, por vez primera en la Historia, se idea una «Weltpolitik»: la unidad española fué hecha para intentarla.

En el capítulo anterior he sostenido que la incorporación nacional, la convivencia de pueblos y grupos sociales, exige alguna alta empresa de colaboración y un proyecto sugestivo de vida en común. La historia de España confirma esta opinión, que emana ya de la historia de Roma. Los españoles nos juntamos hace cinco siglos para emprender una «Weltpolitik» y para ensayar otras muchas faenas de gran velamen.

Nada de esto es construcción mía; no es orla de mandarín que yo, literato ocioso, pongo al cabo de quinientos años a esperanzas y dolores de una edad remota. Entre otros mil testimonios, me acojo a dos excepcionales que me ofrecen insuperable garantía, y se completan ambos. Uno es de Francesco Guicciardini, que muy joven vino de embajador florentino a nuestra tierra. En su *Relazione di Espagna*, cuenta que un día interrogó al rey Fernando: «¿Cómo es posible que un pueblo tan belicoso como el español haya sido siempre conquistado, del todo o en parte, por galos, romanos, cartagineses, vándalos, moros?» A lo que el rey contestó: «La nación es bastante apta para las armas; pero desordenada, de suerte que sólo puede «hacer con ella grandes cosas el que sepa mantenerla unida y en orden.» Y esto es —añade Guicciardini— lo que, en efecto, hicieron Fernando e Isabel; merced a ello pudieron lanzar a España a las grandes empresas militares (1).

Aquí, sin embargo, parece que la unidad es la causa y la condición para hacer grandes cosas. ¿Quién lo duda? Pero es más interesante y más honda, y con verdad de más quilates, la relación inversa: la idea de grandes cosas por hacer engendra la unificación nacional.

Guicciardini no era muy inteligente. La mente más clara del tiempo era Maquiavelo. Nadie en aquella época pensó más sobre política ni conoció mejor el doctrinal íntimo de las cancillerías. Sobre todo, a nadie preocupó tanto la obra de Fernando como al sagaz secretario de la Señoría. Su «Príncipe» es, en rigor, una meditación sobre lo que hicieron Fernando el Católico y César Borgia. Maquiavelismo es puramente el comentario intelectual de un italiano a los hechos de dos españoles.

Pues bien: existe una carta muy curiosa que Maquiavelo escribe a su amigo Francesco Vettori, otro embajador florentino, a propósito de la tregua inesperada que Fernando el Católico concedió al rey de Francia en 1513. Vettori no acierta a comprender la política del

---

(1) «Opere inedite», vol. VI.

«astuto Re»; pero Maquiavelo le da una explicación sutilísima que resultó profética. Con este motivo resume la táctica de Fernando de España en esas palabras maravillosamente agudas:

«Si hubieseis advertido los designios y procedimientos de este católico rey, no os maravillaríais tanto de esta tregua. Este rey, como sabéis, desde poca y débil fortuna, ha llegado a esta grandeza, y ha tenido siempre que combatir con Estados nuevos y súbditos dudosos (1), y uno de los modos como los Estados nuevos se sostienen y los ánimos vacilantes se afirman o se mantienen suspensos e irresolutos, «é dare di se grande espettazione», teniendo siempre a las gentes con el ánimo arrebatado por la consideracion del fin que alcanzaran las resoluciones y las empresas nuevas. Esta necesidad, este rey la ha conocido y usado bien: «de aquí han nacido» los asaltos de Africa, la division del Reino (2) y todas estas variadas empresas, y sin atender a la finalidad de ellas, «perché il fine suo non é tanto quello o questo, o quella vittoria, cuanto é darsi reputazione né popoli» y tener-

---

(1) Esto es, ensaya la unificación en un Estado de pueblos por tradición independientes, de hombres que no son sus vasallos y súbditos de antiguo.

(2) Se refiere al de Nápoles.

los suspensos con la multiplicidad de las hazañas. Y por esto «fu sempre animoso datore di principii», fué un gran iniciador de empresas a las cuales da el fin que la suerte le permite y la necesidad le muestra (1)».

No puede pedirse mayor claridad y precisión en un contemporáneo. El suceso posterior hizo patente lo que acertó a descubrir el zahorí de Florencia. Mientras España tuvo empresas a que dar cima y se cernía un sentido de vida en común sobre la convivencia peninsular, la incorporación nacional no sufrió quebranto.

Pero hemos quedado en que durante estos años hay un rumor incesante de nacionalismos, regionalismos, separatismos...

Volvamos al comienzo de este artículo, y preguntémonos: ¿Por qué?

---

(1) Machiavelli, «Opere», vol. VIII. Existe otro texto de esta carta con algunas variantes, que subrayan más el mismo pensamiento. Por ejemplo: «Cosi fece il Re nelle imprese di Granata, di Africa é di Napoli; giacché il suo vero scopo no fu mai questa o quella vittoria.»

PARTICULARISMO

Entre las nuevas emociones suscitadas por el cinematógrafo, hay una que hubiera entusiasmado a Goethe. Me refiero a esas películas que condensan en breves momentos todo el proceso generativo de una planta. Entre la semilla que germina y la flor que se abre sobre el tallo, como corona de la perfección vegetal, transcurre en la Naturaleza demasiado tiempo. No vemos emanar la una de la otra: los estadios del crecimiento se nos presentan como una serie de formas inmóviles, encerrada y cristalizada cada cual en sí misma y sin hacer la menor referencia a la anterior ni a la subsecuente. No obstante, sospechamos que la verdadera realidad de la vida vegetal no es esa serie de perfiles estáticos y rígidos, sino el movimiento latente en que van saliendo unos de otros, transformándose unos en otros. De ordinario, el «tempo» que la batuta de la Naturaleza impone al crecimiento de las plantas, es más lento que el exigido por nuestra retina para fundir dos imágenes quietas en la unidad de un movimiento. En algunos casos, tan raros como favorables, el «tempo» de la planta y el de nuestra retina coinciden, y entonces el misterio de su vida se hace patente a nuestros ojos. Esto aconteció a Goethe cuando baja del Norte a Italia: sus pupilas intensas y avizoras, habituadas al ritmo germinal de la flora germánica, quedan sorprendidas por el «andante» de la vegetación meridional. Y descubren la ley botánica de la metamorfosis, genial contribución de un poeta a la ciencia natural.

Para entender bien una cosa es preciso ponerse a su compás. De otra manera, la melodía de su existencia no logra articularse en nuestra percepción y se desgrana en una secuencia de sonidos inconexos que carecen de sentido. Si nos hablan demasiado de prisa o demasiado despacio, las sílabas no se traban en palabras ni las palabras en frases. ¿Cómo podrán entenderse dos almas de «tempo» melódico distinto? Si queremos intimar con algo o con alguien, tomemos primero el pulso de su vital melodía y, según él exija, galopemos un rato a su vera o pongamos al paso nuestro corazón.

Ello es que el cinematógrafo empareja nuestra visión con el lento crecer de la planta y consigue que el desarrollo de ésta adquiera a nuestros ojos la continuidad de un gesto. Entonces la entendemos con la evidencia misma que a una persona familiar, y nos parece la eclosión de la flor el término claro de un ademán.

Pues bien: yo imagino que el cinematógrafo pudiera aplicarse a la Historia y, condensados en breves minutos, corriesen ante nosotros los cuatro últimos siglos de vida española. Apretados unos contra otros los hechos innumerables, fundidos en una curva sin poros ni discontinuidades, la historia de España adquiriría la claridad expresiva de un gesto, y los sucesos contemporáneos en que concluye el vasto ademán se explicarían por sí mismos como unas mejillas que la angustia contrae o una mano que desciende rendida.

Entonces veríamos que de 1580 hasta el día cuanto en España acontece es decadencia y desintegración. El proceso incorporativo va en crecimiento hasta Felipe II. El año vigésimo de su reinado puede considerarse como la divisoria de los destinos peninsulares. Hasta su cima, la historia de España es ascendente y acumulativa; desde ella hacia nosotros, la historia de España es decadente y dispersiva. El proceso de desintegración avanza en riguroso orden de la periferia al centro. Primero se desprenden los Países Bajos y el Milanesado; luego, Nápoles. A principios del siglo xix se separan las grandes provincias ultramarinas, y a fines de él, las colonias menores de América y Extremo Oriente. En 1900, el cuerpo español ha vuelto a su nativa madurez peninsular. ¿Termina con ésto la desintegración? Será casualidad, pero el desprendimiento de las últimas posesiones ultramarinas parece ser la señal para el comienzo de la dispersión intrapeninsular. En 1900 se empieza a oír el rumor de regionalismos, nacionalismos, separatismos... Es el triste espectáculo de un larguísimo, multisecular otoño laborado periódicamente por ráfagas adversas que arrancan del inválido ramaje enjambres de hojas caducas.

El proceso incorporativo consistía en una faena de totalización: grupos sociales que eran todos aparte, quedaban integrados como partes de un todo. La desintegración es el suceso inverso: las partes del todo comienzan a vivir como todos aparte. A este fenómeno de la vida histórica llamo particularismo, y si alguien me preguntase cuál es el carácter más profundo y más grave de la actualidad española, yo contestaría con esa palabra.

Pensando de esta suerte, claro es que me parece una frivolidad juzgar el catalanismo y el bizcaitarrismo como movimientos artificiosos nacidos del capricho privado de unos cuantos. Lejos de esto, son ambos no otra cosa que la manifestación más acusada del estado de descomposición en que ha caído nuestro pueblo; en ellos se prolonga el gesto de dispersión que hace tres siglos fué iniciado. Las teorías nacionalistas, los programas políticos del regionalismo, las frases de sus hombres carecen de interés y son, en gran parte, artificios. Pero en estos movimientos históricos, que son mecánica de masas, lo que se dice es siempre mero pretexto, elaboración superficial, transitoria y ficticia, que tiene sólo un valor simbólico como expresión convencional y casi siempre incongruente de profundas emociones, inefables y obscuras, que operan en el subsuelo del alma colectiva. Todo el que en política y en historia se rija por lo que se dice, errará lamentablemente. Ni el programa del Tívoli expresa adecuadamente el impulso centrífugo que siente el pueblo catalán, ni la ausencia de esos programas secesionistas prueba que Galicia, Asturias, Aragón, Valencia no sientan exactamente el mismo instinto de particularismo.

Lo que la gente piensa y dice —la opinión pública— es siempre respetable; pero casi nunca expresa con rigor sus verdaderos sentimientos. La queja del enfermo no es el nombre de su enfermedad. El cardíaco suele quejarse de todo su cuerpo menos de su víscera cordial. A lo mejor nos duele la cabeza, y lo que tienen que curarnos es el hígado. Medicina y política, cuanto mejores son más se parecen al método de Ollendorf.

«La esencia del particularismo es que cada grupo deja de sentir a sí mismo como parte y, en consecuencia, deja de compartir los sentimientos de los demás.» No le importan las esperanzas o necesidades de los otros y no se solidarizará con ellos para auxiliarlos en su afán. Como el vejamen que acaso sufre el vecino no irrita por simpática transmisión a los demás núcleos nacionales, queda abandonado a su desventura y debilidad. En cambio, es característica de este estado social la hipersensibilidad para los propios males. Enojos o dificultades que en tiempos de cohesión son fácilmente soportados, parecen intolerables cuando el alma del grupo se ha desintegrado de la convivencia nacional (1).

---

(1) Pocas cosas hay tan significativas del estado actual como oír a vascos y catalanes sostener que son ellos pueblos «oprimidos» por el resto de España. La situación privilegiada que gozan es tan evidente, que, a primera vista, esa queja habrá de parecer grotesca. Pero a quien le interese no tanto juzgar a las gentes como entenderlas, le importa más notar que ese sentimiento es sincero, por muy injustificado que se repute. Y es que se trata de algo puramente relativo. El hombre condenado a vivir con una mujer que no ama siente las caricias de ésta como un irritante roce de cadenas. Así, aquel sentimiento de opresión, injustificado en cuanto pretende reflejar una situación objetiva, es síntoma verídico del estado subjetivo en que Cataluña y Vasconia se hallan.

En este esencial sentido podemos decir que el particularismo existe hoy en toda España, bien que modulado diversamente según las condiciones de cada región. En Bilbao y Barcelona, que se sentían como las fuerzas económicas mayores de la península, ha tomado el particularismo un cariz agresivo, expreso y de amplia musculatura retórica. En Galicia, tierra pobre, habitada por almas rendidas, suspicaces y sin confianza en sí mismas, el particularismo será reentrado, como erupción que no puede brotar, y adoptará la fisonomía de un sordo y humillado resentimiento, de una inerte entrega a la voluntad ajena, en que se libra sin protestas el cuerpo para reservar tanto más la íntima adhesión.

No he comprendido nunca por qué preocupa el nacionalismo afirmativo de Cataluña y Vasconia y, en cambio, no causa pavor el nihilismo nacional de Galicia o Sevilla. Esto indica que no se ha percibido aún toda la profundidad del mal y que los patriotas con cabeza de cartón creen resuelto el formidable problema nacional si son derrotados en unas elecciones los Sres. Sota o Cambó.

El propósito de este ensayo es corregir la desviación en la puntería del pensamiento político al uso, que busca el mal radical de catalanismo y bizcaitarrismo en Cataluña y en

Vizcaya, cuando no es allí donde se encuentra. ¿Dónde, pues?

Para mí esto no ofrece duda: cuando una sociedad se consume víctima del particularismo, puede siempre afirmarse que el primero en mostrarse particularista fué precisamente el Poder central. Y esto es lo que ha pasado en España.

Castilla ha hecho a España, y Castilla la ha deshecho.

Núcleo inicial de la incorporación ibérica, Castilla acertó a superar su propio particularismo e invitó a los demás pueblos peninsulares para que colaborasen en un gigantesco proyecto de vida común. Inventa Castilla grandes empresas incitantes, se pone al servicio de altas ideas jurídicas, morales, religiosas; dibuja un sugestivo plan de orden social; impone la norma de que todo hombre mejor debe ser preferido a su inferior, el activo al inerte, el agudo al torpe, el noble al vil. Todas estas aspiraciones, normas, hábitos, ideas, se mantienen durante algún tiempo vivaces. Las gentes alientan influidas eficazmente por ellas, creen en ellas, las respetan o las temen. Pero si nos asomamos a la España de Felipe III, advertimos una terrible mudanza. A primera vista nada ha cambiado, pero todo se ha vuelto de cartón y suena a falso. Las palabras vivaces de antaño siguen repitiéndose, pero ya no influyen en los corazones: las ideas incitantes se han tornado tópicos. No se emprende nada nuevo ni en lo político, ni en lo científico, ni en lo moral. Toda la actividad que resta se emplea precisamente «en no hacer nada nuevo», en conservar el pasado—instituciones y dogmas—, en sofocar toda iniciación, todo fermento innovador. Castilla se transforma en lo más opuesto a sí misma: se vuelve suspicaz, angosta, sórdida, agria. Ya no se ocupa en potenciar la vida de las otras regiones; celosa de ellas, las abandona a sí mismas y empieza a no enterarse de lo que en ellas pasa.

Si Cataluña o Vasconia hubiesen sido las razas formidables que ahora se imaginan ser, habrían dado un terrible tirón de Castilla cuando ésta comenzó a hacerse particularista, es decir, a no contar debidamente con ellas. La sacudida en la periferia hubiera acaso despertado las antiguas virtudes del centro y no habría, por ventura, caído en la perdurable modorra de idiotez y egoísmo que ha sido durante tres siglos nuestra historia.

Analícense las fuerzas diversas que actuaban en la política española durante todas esas centurias, y se advertirá claramente su atroz particularismo. Empezando por la Monarquía y siguiendo por la Iglesia, ningún poder nacional ha pensado más que en sí mismo. ¿Cuándo ha latido el corazón, al fin y al cabo extranjero, de un monarca español o de la Iglesia española por los destinos hondamente nacionales? Que se sepa, jamás. Han hecho todo lo contrario: «se han obstinado en hacer adoptar sus destinos propios como los verdaderamente nacionales» (1); han fomentado, generación tras generación, una selección inversa en la raza española. Sería curioso y científicamente fecundo hacer una historia de las preferencias manifestadas por los reyes españoles en la elección de las personas. Ella mostraría la increíble y continuada perversión de valoraciones que los ha llevado casi indefectiblemente a preferir los hombres tontos a los inteligentes, los envilecidos a los irreprochables. Ahora bien: el error habitual, inveterado, en la elección de personas, la preferencia reiterada de lo ruin a lo selecto, es el síntoma más evidente de que no se quiere en verdad hacer nada, emprender nada, crear nada que perviva luego por sí mismo. Cuando se

---

(1) El caso de Carlos III constituye a primera vista una excepción, que, a la postre, vendría, como toda excepción, a confirmar la regla. Pero en la estimación que hace treinta años sentían los «progresistas» españoles por Carlos III, hay una mala inteligencia. Podrá una parte de su política ser simpática desde el punto de vista de la cultura general humana, pero el conjunto es acaso el más particularista y antiespañol que ofrece la historia de la Monarquía.

tiene el corazón lleno de un alto empeño, se acaba siempre por buscar los hombres más capaces de ejecutarlo.

En vez de renovar periódicamente el tesoro de ideas vitales, de modos de coexistencia, de empresas unitivas, el Poder público ha ido triturando la convivencia española y ha usado de su fuerza nacional casi exclusivamente para fines privados.

¿Es extraño que, al cabo del tiempo, la mayor parte de los españoles, y desde luego la mejor, se pregunte: para qué vivimos juntos? Porque vivir es algo que se hace hacia adelante, es una actividad que va de este segundo al inmediato futuro. No basta, pues, para vivir la resonancia del pasado, y mucho menos para convivir. Por eso decía Renan que una nación es un plebiscito cotidiano. En el secreto inefable de los corazones se hace todos los días un fatal sufragio que decide si una nación puede de verdad seguir siéndolo. ¿Qué nos invita el Poder público a hacer mañana en entusiasta colaboración? Desde hace mucho tiempo, mucho, siglos, pretende el Poder público que los españoles existamos no más que para que él se dé el gusto de existir. Como el pretexto es excesivamente menguado, España se va deshaciendo, deshaciendo... Hoy ya es, más bien que un pueblo, la polvareda que queda cuando por la gran ruta histórica ha pasado galopando un gran pueblo...

Así, pues, yo encuentro que lo más importante en el catalanismo y el bizcaitarrismo, es precisamente lo que menos suele advertirse en él; a saber: lo que tienen de común, por una parte, con el largo proceso de secular desintegración que ha segado los dominios de España; por otra parte, con el particularismo latente o variamente modulado que existe hoy en el resto del país. Lo demás, la afirmación de la diferencia étnica, el entusiasmo por sus idiomas, la crítica de la política central, me parece que, o no tiene importancia, o si la tiene, podría aprovecharse en sentido favorable.

Pero esta interpretación del secesionismo vascocatalán como mero caso específico de un particularismo más general existente en toda España queda mejor probada si nos fijamos en otro fenómeno agudísimo, característico de la hora presente y que nada tiene que ver con provincias, regiones ni razas: el particularismo de las clases sociales.

COMPARTIMENTOS ESTANCOS

La incorporación en que se crea un gran pueblo es principalmente una articulación de grupos étnicos o políticos diversos; pero no es esto sólo: a medida que el cuerpo nacional crece y se complican sus necesidades, orígínase un movimiento diferenciador en las funciones sociales y, consecuentemente, en los órganos que las ejercen. Dentro de la sociedad unitaria van apareciendo e hinchiéndose pequeños orbes inclusos, cada cual con su peculiar atmósfera, con sus principios, intereses y hábitos sentimentales e ideológicos distintos: son el mundo militar, el mundo político, el mundo industrial, el mundo científico y artístico, el mundo obrero, etc. En suma: el proceso de unificación en que se organiza una gran sociedad lleva el contrapunto de un proceso diferenciador que divide aquélla en clases, grupos profesionales, oficios, gremios.

Los núcleos étnicos incorporados, antes de su incorporación existían ya como todos independientes. Las clases y los grupos profesionales, en cambio, nacen desde luego como partes. Aquéllos, mejor o peor, pueden volver a vivir solitarios y por sí; pero éstos, aislados y aparte cada uno, no podrían subsistir. ¡Hasta tal punto les es esencial ser partes y sólo partes de una estructura que los envuelve y lleva! El industrial necesita del productor de primeras materias, del comprador de sus productos, del gobernante que pone un orden en el tráfico, del militar que defiende ese orden. A su vez, el mundo militar, «de los defensores» —decía D. Juan Manuel—, necesita del industrial, del agrícola, del técnico.

Habrá, por tanto, salud nacional en la medida que cada una de estas clases y gremios tenga viva conciencia de que es ella meramente un trozo inseparable, un miembro del cuerpo público. Todo oficio u ocupación continuada arrastra consigo un principio de inercia que induce al profesional a irse encerrando cada vez más en el reducido horizonte de sus preocupaciones y hábitos gremiales. Abandonado a su propia inclinación, el grupo acabaría por perder toda sensibilidad para la interdependencia social, toda noción de sus propios límites y aquella disciplina que mutuamente se imponen los gremios al ejercer presión los unos sobre los otros y sentirse vivir juntos.

Es preciso, pues, mantener vivaz en cada

clase o profesión la conciencia de que existen en torno a ella otras muchas clases y profesiones, de cuya cooperación necesitan, que son tan respetables como ella, tienen modos y aun manías gremiales que deben ser en parte tolerados y, cuando menos, conocidos.

¿Cómo se mantiene despierta esta corriente profunda de solidaridad? Vuelvo una vez más al tema que es «leitmotiv» de este ensayo: la convivencia nacional es una realidad activa y dinámica, no una coexistencia pasiva y estática como el montón de piedras al borde de un camino. La nacionalización se produce en torno a fuertes empresas incitadoras que exigen de todos un máximum de rendimiento, y, en consecuencia, de disciplina y mutuo aprovechamiento. La reacción primera que en el hombre origina una coyuntura difícil o peligrosa es la concentración de todo su organismo, un apretar las filas de las energías vitales, que quedan alerta y en pronta disponibilidad para ser lanzadas contra la hostil situación. Algo semejante acontece en un pueblo cuando necesita o quiere en serio hacer algo. En tiempo de guerra, por ejemplo, cada ciudadano parece quebrar el recinto hermético de sus preocupaciones exclusivistas, y agudizada su sensibilidad para el todo social, emplea no poco esfuerzo mental en pasar revista, una vez y otra, a lo que puede esperarse de las demás clases y profesiones. Advierte entonces con dramática evidencia la angostura de su gremio, la escasez de sus posibilidades y la radical dependencia de los restantes en que, sin notarlo, se hallaba. Recibe ansiosamente las noticias que le llegan del estado material y moral de otros oficios, de los hombres que en ellos son eminentes y en cuya capacidad puede confiarse (1). Cada profesión, por decirlo así, vive en tales agudas circunstancias la vida entera de las demás. Nada acontece en un grupo social que no llegue a conocimiento del resto y deje en él su huella. La sociedad se hace más compacta y vibra integralmente de polo a polo. A esta cualidad, que en los casos bélicos se manifiesta superlativamente, pero que en medida bastante es poseída por todo pueblo saludable, llamo «elasticidad social». Es en el orden psicológico la misma condición que en el

---

(1) Imagínese el entusiasmo con que el pueblo alemán habrá visto en las horas crueles destacarse el gremio glorioso de sus químicos, de la humilde obscuridad en que solía vivir y dar en proporciones geniales el patriótico rendimiento que ha asombrado al mundo. De seguro que en tales momentos habrá bendecido la nación entera el cuidado, en apariencia superfluo, que otro tiempo puso en fomentar los estudios químicos. En cambio, ese mismo pueblo ha maldecido cien veces su torpe desdén hacia la política interior y exterior, que le impidió preparar para el día de las urgencias un selecto cuerpo de diplomáticos y políticos.

físico permite a la bola de billar transmitir, casi sin pérdida, la acción ejercida sobre uno de sus puntos a todos los demás de su esfera. Merced a esta elasticidad social, la vida de cada individuo queda en cierta manera multiplicada por la de todos los demás; ninguna energía se despilfarra; todo esfuerzo repercute en amplias ondas de transmisión psicológica, y de este modo se aprovecha y acumula. Sólo una nación de esta suerte elástica podrá en su día y en su hora ser cargada prontamente de la electricidad histórica que proporciona los grandes triunfos y asegura las decisivas y salvadoras reacciones.

No es necesario ni importante que las partes de un todo social coincidan en sus deseos y sus ideas; lo necesario e importante es que conozca cada una, y en cierto modo viva, los de las otras. Cuando esto falta, pierde la clase o gremio, como ciertos enfermos de la medula, la sensibilidad táctil: no siente en su periferia el contacto y la presión de las demás clases y gremios; llega consecuentemente a creer que sólo ella existe, que ella es todo, que ella es un todo. Tal es el particularismo de clase, síntoma mucho más grave de descomposición que los movimientos de secesión étnica y territorial; porque, según ya he dicho, las clases y gremios son partes en un sentido más radical que los núcleos étnicos y políticos.

Pues bien; la vida social española ofrece en nuestros días un extremado ejemplo de este atroz particularismo. *Hoy es España, más bien que una nación, una serie de compartimentos estancos.*

Se dice que los políticos no se preocupan del resto del país. Esto, que es verdad, es, sin embargo, injusto, porque parece atribuir exclusivamente a los políticos pareja despreocupación. La verdad es que si para los políticos no existe el resto del país, para el resto del país existen mucho menos los políticos. ¿Y qué acontece dentro de ese resto no político de la nación? ¿Es que el militar se preocupa del industrial, del intelectual, del agricultor, del obrero? Y lo mismo debe decirse del aristócrata, del industrial o del obrero respecto a las demás clases sociales. Vive cada gremio herméticamente cerrado dentro de sí mismo. No siente la menor curiosidad por lo que acaece en el recinto de los demás. Ruedan los unos sobre los otros como orbes estelares que se ignoran mutuamente. Polarizado cada cual en sus tópicos gremiales, no tiene ni noticia de los que rigen el alma del grupo vecino. Ideas, emociones, valores creados dentro de un núcleo profesional o de una clase, no transcienden lo más mínimo a las restantes. El esfuerzo titánico que se ejerce en un punto del volumen social no es transmitido, no obtiene repercusión unos metros más allá, y muere donde nace. Difícil será imaginar una sociedad menos elástica que la nuestra; es decir, difícil será imaginar un conglomerado humano que sea menos una sociedad. Podemos decir de toda España lo que Calderón decía de Madrid en una de sus comedias:

> Está una pared aquí
> de la otra más distante
> que Valladolid de Gante.

EL CASO DEL GRUPO MILITAR

Para no seguir moviéndome entre fórmulas generales y abstractas, intentaré describir someramente un ejemplo concreto de compartimento estanco: el que ofrece la clase profesional de los militares. Casi todo lo que de éstos diga vale, con leves mudanzas, para los demás grupos y gremios.

Después de las guerras colonial e hispanoyanqui, quedó nuestro Ejército profundamente deprimido, moralmente desarticulado; por decirlo así, disuelto en la gran masa nacional. Nadie se ocupó de él ni siquiera para exigirle en forma elevada, justiciera y competente las debidas responsabilidades. Al mismo tiempo, la voluntad colectiva de España, con rara e inconcebible unanimidad, adoptó sumariamente, radicalmente, la inquebrantable resolución de no volver a entrar en bélicas empresas.

Los militares mismos se sintieron en el fondo de su ánima contaminados por esta decisión, y D. Joaquín Costa, tomando una vez más el rábano por las hojas, mandó que se sellase el arca del Cid.

He aquí un caso preciso en que resplandece la necesidad de interpretar dinámicamente la convivencia nacional, de comprender que sólo la acción, la empresa, el proyecto de ejecutar un día grandes cosas, son capaces de dar regulación, estructura y cohesión al cuerpo colectivo. Un ejército no puede existir cuando se elimina de su horizonte la posibilidad de una guerra. La imagen, siquiera el fantasma de una contienda posible, debe levantarse en los confines de la perspectiva y ejercer su mística, espiritual gravitación sobre el presente del ejército. La idea de que el útil va a ser un día usado es necesaria para cuidarlo y mantenerlo a punto. Sin guerra posible no hay manera de moralizar un ejército, de sustentar en él la disciplina y tener alguna garantía de su eficacia.

Comprendo las ideas de los antimilitaristas, aunque no las comparto. Enemigos de la guerra, piden la supresión de los ejércitos. Tal actitud, errónea en su punto de partida, es lógica en sus consecuencias. Pero tener un ejército y no admitir la posibilidad de que actúe, es una contradicción gravísima que, a despecho de insinceras palabras oficiales, han cometido en el secreto de sus corazones casi todos los españoles desde 1900. La única guerra que hubiera parecido concebible, la de independencia, era tan inverosímil, que, prácticamente, no influía en la conciencia pública. Una vez resuelto que no habría guerras, era inevitable que las demás clases se desentendieran del ejército, perdiendo toda sensibilidad para el mundo militar. Quedó éste aislado, desnacionalizado, sin trabazón con el resto de la sociedad e interiormente disperso. La reciprocidad se hacía inevitable; el grupo social que se siente desatendido reacciona automáticamente con una secesión sentimental. En los individuos de nuestro Ejército germinó una funesta suspicacia hacia políticos, intelectuales, obreros (la lista podía seguir y aun elevarse mucho); fermentó en el grupo armado el resentimiento y la antipatía respecto a las demás clases sociales, y su periferia gremial se fué haciendo cada vez más hermética, menos porosa al ambiente de la sociedad circundante. Entonces comienza el Ejército a vivir —en ideas, propósitos, sentimientos— del fondo de sí mismo, sin recepción ni canje de influencias ambientes. Se fué obliterando, cerrando sobre su propio corazón, dentro del cual quedaban en cultivo los gérmenes particularistas (1).

En 1909, una operación colonial lleva a Marruecos parte de nuestro Ejército. El pueblo acude a las estaciones para impedir su partida, movido por la susodicha resolución de pacifismo. No era lo que se llamó «operación de policía», empresa de tamaño bastante para templar el ánimo de una milicia como la nuestra. Sin embargo, aquel reducido empeño bastó para que despertase el espíritu profesional de nuestro Ejército. Entonces volvió a formarse plenamente su conciencia de grupo, se concentró en sí mismo, se unió consigo mismo; mas no por esto se reunió al resto de las clases sociales. Al contrario: la cohesión gremial se produjo en torno a aquellos sentimientos acerbos que antes he mentado. De todas suertes, Marruecos hizo del alma dispersa de nuestro Ejército un puño

---

(1) Este esquema de la trayectoria psicológica seguida por el alma del grupo militar español es muy posiblemente un puro error. Espero, sin embargo, que se vea en ella el leal ensayo que un extraño hace de entender el espíritu de los militares. Permítaseme recordar que en una conferencia dada en abril de 1914, varios meses antes de la guerra mundial, hablé ya de la desnacionalización del Ejército y anticipé no poco de lo que, por desgracia, luego ha acontecido. Véase el folleto «Vieja y nueva política», 1914. El sugestivo libro que acaba de publicar el conde de Romanones —acaso el más inteligente de nuestros políticos— confirma con testimonio de mayor excepción cuanto voy diciendo.

cerrado, moralmente dispuesto para el ataque (1).

Desde aquel momento viene a ser el grupo militar una escopeta cargada que no tiene blanco a que disparar. Desarticulada de las demás clases nacionales —como éstas, a su vez, lo están entre sí—, sin respeto hacia ellas ni sentir su presión refrenadora, vive el Ejército en perpetua inquietud, queriendo gastar la espiritual pólvora acumulada y sin hallar empresa cóngrua en que hacerlo. ¿No era la inevitable consecuencia de todo este proceso que el Ejército cayese sobre la nación misma y aspirase a conquistarla? ¿Cómo evitar que su afán de campañas quedara reprimido y renunciase a tomar algún presidente del Consejo como si fuese una cota?

Todo tenía que concluir en aquellas jornadas famosas de julio de 1917. En ellas, el Ejército perdió un instante por completo la conciencia de que era una parte, y sólo una parte, del todo español. El particularismo que padece, como los demás gremios y clases, y de que no es más responsable que lo somos todos los demás, le hizo sufrir el espejismo de creerse solo y todo.

---

(1) Que material y técnicamente no estuviese ni esté aún dispuesto, es punto que nada tiene que ver con esta historia psicológica que voy haciendo.

He aquí una historia que, «mutatis mutandis», puede contarse de casi todos los trozos orgánicos de España. Cada uno ha pasado por cierta hora en que, perdida la fe en la organización nacional y embotada su sensibilidad para los demás grupos fraternos, ha creído que su misión consistía en imponer directamente su voluntad. Dicho de otra manera: todo particularismo conduce por fin, inexorablemente, a la acción directa.

ACCIÓN DIRECTA

La psicología del particularismo que he intentado delinear podría resumirse diciendo que el particularismo se presenta siempre que en una clase o gremio, por una u otra causa, se produce la ilusión intelectual de creer que las demás clases no existen como plenas realidades sociales o, cuando menos, que no merecen existir. Dicho aún más simplemente: particularismo es aquel estado de espíritu en que creemos no tener por qué contar con los demás. Unas veces por excesiva estimación de nosotros mismos, otras por excesivo menosprecio del prójimo, perdemos la noción de nuestros propios límites y comenzamos a sentirnos, como todos independientes. Contar con los demás supone percibir, si no nuestra subordinación a ellos, por lo menos la mutua dependencia y coordinación en que con ellos vivimos. Ahora bien: una nación es a la postre una ingente comunidad de individuos y grupos que cuentan los unos con los otros. Este contar con el prójimo no implica necesariamente simpatía hacia él. Luchar con alguien, ¿no es una de las más claras formas en que demostramos que existe para nosotros? Nada se parece tanto al abrazo como el combate cuerpo a cuerpo.

Pues bien: en estados normales de nacionalización, cuando una clase desea algo para sí, trata de alcanzarlo buscando previamente un acuerdo con las demás. En lugar de proceder inmediatamente a la satisfacción de su deseo, se cree obligada a obtenerlo al través de la voluntad general. Hace, pues, seguir a su privada voluntad una larga ruta que pasa por las demás voluntades integrantes de la nación y recibe de ellas la consagración de la legalidad. Tal esfuerzo para convencer a los prójimos y obtener de ellos que acepten nuestra particular aspiración es la acción legal.

Esta función de contar con los demás tiene sus órganos peculiares: son las instituciones públicas que están tendidas entre individuos y grupos como resortes y muelles de la solidaridad nacional.

Pero una clase atacada de particularismo se siente humillada cuando piensa que para lograr sus deseos necesita recurrir a esas instituciones u órganos del contar con los demás. ¿Quiénes son los demás para el particularista? En fin de cuentas, y tras uno u otro rodeo, nadie. De aquí la íntima repugnancia y humillación que siente entre nosotros el militar, o el aristócrata, o el industrial, o el obrero cuando tiene que impetrar del Parlamento la satisfacción de sus aspiraciones y necesidades. Esta repugnancia suele disfrazarse de desprecio hacia los políticos; pero un psicólogo atento no se deja desorientar por esta apariencia.

Pica, a la verdad, en historia la unanimidad con que todas las clases españolas ostentan su repugnancia hacia los políticos. Diríase que los políticos son los únicos españoles que no cumplen con su deber ni gozan de las cualidades para su menester imprescindibles. Diríase que nuestra aristocracia, nuestra Universidad, nuestra industria, nuestro ejército, nuestra ingeniería, son gremios maravillosamente bien dotados que encuentran siempre anuladas sus virtudes y talentos por la intervención fatal de los políticos. Si esto fuera verdad, ¿cómo se explica que España, pueblo de tan perfectos electores, se obstine en no sustituir a esos perversos elegidos?

Hay aquí una insinceridad, una hipocresía. Poco más o menos, ningún gremio nacional puede echar nada en cara a los demás. Allá se van unos y otros en ineptitud, falta de generosidad, incultura y ambiciones fantásticas. Los políticos actuales son fiel reflejo de los vicios étnicos de España, y aun —a juicio de las personas más reflexivas y clarovidentes que conozco— son un punto menos malos que el resto de nuestra sociedad (1). No niego que existan otras muy justificadas; pero *la causa decisiva de la repugnancia que las demás clases sienten hacia el gremio político me parece ser que éste simboliza la necesidad en que está toda clase de contar con las demás*. Por esto se odia al político más que como gobernante como parlamentario. El Parlamento es el órgano de la convivencia nacional demostrativo de trato y acuerdo entre iguales. Ahora bien: esto es lo que en el secreto de las conciencias gremiales y de clase produce hoy irritación y frenesí: tener que contar con los demás, a quienes en el fondo se desprecia o se odia. *La única forma de actividad pública que al presente, por debajo de palabras convencionales, satisface a cada clase, es la imposición inmediata de su señera voluntad;* en suma, la acción directa.

Este vocablo fué acuñado para denominar cierta táctica de la clase obrera: pero, en rigor, habría que llamar así cuanto hoy se hace en asuntos públicos. La intensidad y desnu-

---

(1) Estos días asistimos a la catástrofe sobrevenida en la economía española por la torpeza y la inmoralidad de nuestros industriales y financieros. Por grandes que sean la incompetencia y desaprensión de los políticos, ¿quién puede dudar que los banqueros, negociantes y productores les ganan el campeonato?

dez con que este carácter de acción directa se presenta depende sólo de la fuerza material con que cada gremio cuente. Los obreros llegaron a la idea de semejante táctica por un lógico desarrollo de su actitud particularista. Insolidarios de la sociedad actual, consideran que las demás clases sociales no tienen derecho a existir por ser parasitarias, esto es, antisociales. Ellos, los obreros, son, no una parte de la sociedad, sino el verdadero todo social, el único que tiene derecho a una legítima existencia política. Dueños de la realidad pública, nadie puede impedirles que se apoderen directamente de lo que es suyo. La acción indirecta o parlamentarismo equivale a pactar con los usurpadores, es decir, con quienes no tienen legítima existencia social.

Quítese a esto cuanto tiene de claridad conceptual propia de una teoría (1); tradúzcase al lenguaje difuso e ilógico de los sentimientos, y se hallará el estado de conciencia que hoy actúa en el subsuelo espiritual de casi todas las clases españolas.

---
(1) El particularismo obrerista procede de una teoría, y, por lo tanto, es un fenómeno histórico muy distinto del particularismo espontáneo y emotivo que yo atribuyo a las clases sociales de España. Por ser aquél teórico, de orden racional como la geometría o el darwinismo, puede existir en todos los pueblos, cualquiera que sea la densidad de su cohesión. El particularismo obrerista no es, pues, un fenómeno peculiar de España; lo es, en cambio, el particularismo del industrial, del militar, del aristócrata, del empleado.

«PRONUNCIAMIENTOS»

He mostrado la acción directa como una táctica que se deriva inevitablemente del particularismo, del no querer contar con los demás. A su vez, el no contar con los demás tiene su causa inmediata en una falta de perspicacia, de vigilancia intelectual. Cuanto más torpes seamos y más angosto nuestro horizonte de curiosidades e intuiciones, menos cosas habitarán nuestro paisaje y con mayor facilidad nos olvidaremos de que el prójimo existe.

La acción directa y la cerrazón mental de que proviene se presentan ya en nuestra Historia del siglo xix con carácter incipiente. Al menos, yo no puedo acordarme de los castizos «pronunciamientos» sin pensar que ellos fueron en pequeño lo que ahora se hace en grande. Algún día publicaré ciertas notas compuestas tiempo hace sobre la curiosa psicología de los «pronunciamientos». Ahora me interesa sólo destacar un par de rasgos.

Aquellos coroneles y generales, tan atractivos por su temple heroico y su sublime ingenuidad, pero tan cerrados de cabeza, estaban convencidos de su «idea», no como está convencido un hombre normal, sino como suelen los locos y los imbéciles. Cuando un loco o un imbécil se convence de algo, no se da por convencido él solo, sino que al mismo tiempo cree que están convencidos todos los demás mortales. No consideran, pues, necesario esforzarse en persuadir a los demás poniendo los medios oportunos; les basta con proclamar, con «pronunciar» la opinión de que se trata: en todo el que no sea miserable o perverso repercutirá la incontrastable verdad. Así, aquellos generales y coroneles creían que con dar ellos el «grito» en un cuartel toda la anchura de España iba a resonar en ecos coincidentes.

Consecuencia de esto era que los conspiradores no solían preocuparse de preparar a tiempo grandes núcleos auxiliares, ni siquiera numerosas fuerzas de combate. ¿Para qué? Los «pronunciados» no creían nunca que fuese preciso luchar de firme para obtener el triunfo. Seguros de que casi todo el mundo en secreto opinaba como ellos, tenían fe ciega en el efecto mágico de «pronunciar» una frase. *No iban, pues, a luchar, sino a tomar posesión del Poder público.*

Yo creo que casi todos los movimientos políticos de los últimos años reproducen esos dos caracteres de los «pronunciamientos».

Quedaría incompleto y aun tergiversado el análisis del estado presente de España que estos artículos ensayan si se entendiera el régimen de particularismo por mí descrito como un ambiente de feroz lucha entre unas clases y otras. Parecerá vana sutileza, pero considero esencial no confundir la disociación particularista con el temperamento belicoso. ¡Ojalá que hubiese en España alguien con ansia de luchar! Por desgracia, acontece lo contrario.

Es suficientemente notorio que para encender una vela hace falta a lo menos que la vela esté apagada. Del mismo modo, para sentir afán de combatir hace falta a lo menos no estar convencido de que se ha ganado ya la batalla. No hay estados de espíritu más divergentes que el del combatiente y el del victorioso. El que, en efecto, quiere luchar, empieza por creer que el enemigo existe, que es poderoso; por tanto, peligroso; por tanto, respetable. Procurará en vista de ello aunar todas las colaboraciones posibles; empleará todos los resortes de la gracia persuasiva, de la dialéctica, de la cordialidad y aun de la astucia para enrolar bajo su bandera cuantas fuerzas pueda. El que se cree victorioso procederá inversamente: tiene ya a su espalda e inerte al enemigo. No necesita andar con contemplaciones ni halagar a nadie para que le ayude, ni fingir actitudes amplias, generosas, que arrastren en pos de sí los corazones. Por el contrario, tenderá a reducir sus filas para repartir entre menos el botín de la victoria, y marchando en vía recta, tomará posesión de lo conquistado. La acción directa, en suma, es la táctica del victorioso, no la del luchador.

Vuélvase la vista a cualquiera de los movimientos políticos que se han disparado en estos años, y se verá cómo la táctica seguida en ellos revela que surgieron no para pelear, sino, al contrario, por creer que tenían de antemano ganada la partida.

En 1917 intentan obreros y republicanos una revolucioncita. El desmandamiento militar de julio les había hecho creer que era el momento. ¿El momento de qué? ¿De batallar? No, al revés: el momento de tomar posesión del Poder público, que parecía yacer en medio del arroyo, como «res nullius». Por esto, aquellos socialistas y republicanos no quisieron contar con nadie, no llamaron con palabras fervorosas y de elevada liberalidad al resto de la nación. Supusieron que casi todo el mundo deseaba lo mismo que ellos, y procedieron a dar el «grito» en tres o cuatro barrios de otras tantas poblaciones.

Pocos años antes había surgido el «maurismo». D. Antonio Maura, en medio de no pocos aciertos, cometió el error de «pronunciarse». Fué un «pronunciado» de levita. Creyó que existía una masa de españoles, la más importante en número y calidad, apartada de la vida pública por asco hacia los usos políticos. Presumió que esta «masa neutra», ardiendo en convicciones idénticas a las suyas, gustaba del rígido gesto autoritario, profesaba el más fervoroso y tradicional catolicismo y se deleitaba con la prosa churrigueresca de nuestro siglo XVII. Bastaba con dar el «grito» para que aquel torso de España despertase a la vida pública. A lo sumo, convendría hostigar un poco su inveterada inercia haciendo obligatorio el sufragio. ¿Y los demás, los que no coincidían de antemano con él? ¡Ah!, esos no existían, y si existían, eran unos precitos. En vez de atraerlos, persuadirlos o corregirlos, lo urgente era excluírlos, eliminarlos, distanciarlos, trazando una mágica línea entre los buenos y los malos. De aquí el famoso «Nosotros somos nosotros». En su época culminante, don Antonio Maura no ha hecho el menor ademán para convencer al que no estuviese ya convencido.

Años de soledad han enseñado al egregio espíritu del Sr. Maura que para hacer grandes cosas es la peor una táctica de exclusiones. Precisamente para que sean fecundas ciertas eliminaciones ejemplares es necesario compensarlas con magnánimos apelativos de colaboración, con llamamientos generosos hacia los cuatro puntos cardinales que permitan a todos los ciudadanos sentirse aludidos. Las revoluciones y cambios victoriosos han solido hacerse con ideas de amplísimo seno, al paso que la revolución obrera va en derrota por su absurda pretensión de triunfar a fuerza de exclusiones.

Es penoso observar que desde hace muchos años, en el periódico, en el sermón y en el mitin, se renuncia desde luego a convencer al infiel y se habla sólo al parroquiano ya convicto. A esto se debe el progresivo encanijamiento de los grupos de opinión. Ninguno crece; todos se contraen y disminuyen. Los «drusos» del Líbano son enemigos del proselitismo por creer que el que es «drusita» ha de serlo desde toda la eternidad. En tal sentido, somos bastante drusos todos los españoles.

Nos falta la cordial efusión del combatiente y nos sobra la arisca soberbia del triunfante. No queremos luchar; queremos simplemente vencer. Como esto no es posible, preferimos vivir de ilusiones y nos contentamos con proclamarnos ilusamente vencedores en el parvo recinto de nuestra tertulia de café, de nuestro casino, de nuestro cuarto de banderas o simplemente de nuestra imaginación.

Quien desee que España entre en un período de consolidación, quien en serio ambicione la victoria, deberá contar con los demás, aunar fuerzas y, como Renán decía, «excluír toda exclusión» (1).

La insolidaridad actual produce un fenómeno muy característico de nuestra vida pública —que debieran todos meditar—; *cualquiera tiene fuerza para deshacer* — el militar, el obrero, este o el otro político, este o el otro grupo de periódicos—; *pero nadie tiene fuerza para hacer, ni siquiera para asegurar sus propios derechos.*

Hay muy escasas energías en España: si no las atamos unas con otras, no juntaremos lo bastante para mandar cantar a un ciego. Alguna vez he dicho que la mejor política va sugerida en el humilde apotegma de Sancho: «En trayéndote la vaquilla, corre con la soguilla.»

Pero en lugar de correr con la soguilla, parecemos resueltos a ir trucidando todas las vaquillas.

---

(1) En 1915 me ocurría escribir: «No somos de ningún partido actual porque las diferencias que separan unos de otros responden, cuando más, a palabras y no a diferencias reales de opinión. Hay que confundir los partidos de hoy para que sean posibles mañana nuevos partidos vigorosos.» *España*, número 1.

¿NO HAY HOMBRES, O NO HAY MASAS?

Me interesa que las curvas impuestas por el desarrollo de toda idea un poco compleja no despojen de claridad a la trayectoria seguida en este ensayo. He intentado en él sugerir que la actualidad pública de España se caracteriza por un imperio casi exclusivo del particularismo y la táctica de acción directa que le es aneja. A este fin convenía partir, como del hecho más notorio, del separatismo catalán y vasco. Pero la opinión vulgar ve en él no más que una especie de tumor inesperado y casual sobrevenido a la carne española, y cree descubrir su más grave malignidad en lo que, a mi juicio, es solamente adjetivo y mero pretexto que una desazón más profunda busca para airearse. Catalanismo y bizcaitarrismo no son síntomas alarmantes por lo que en ellos hay de positivo y peculiar —la afirmación «nacionalista»—, sino por lo que en ellos hay de negativo y común al gran movimiento de desintegración que empuja la vida toda de España. Por esta razón, era interesante mostrar primero que estos separatismos de ahora no hacen sino continuar el progresivo desprendimiento territorial sufrido por España durante tres siglos. Luego convenía hacer patente la identidad que, bajo muecas diversas, existe entre el particularismo regional y el de las clases, grupos y gremios. Si se advierte que un mismo rodaje de últimas tendencias y emociones mueve el catalanismo y la actuación del Ejército —dos cosas a primera vista antagónicas—, se evitará el error de localizar el mal donde no está. La realidad histórica es, a menudo, como la urraca de la pampa,

> «que en un *lao* pega los gritos
> y en otro pone los huevos».

De esta manera puede contribuir este estudio a dirigir la atención hacia estratos más hondos y extensos de la existencia española, donde en verdad anidan los dolores que luego dan sus gritos en Barcelona o en Bilbao.

Se trata de una extremada atrofia en que han caído aquellas funciones espirituales cuya misión consiste precisamente en superar el aislamiento, la limitación del individuo, del grupo o de la región. Me refiero a la múltiple actividad que en los pueblos sanos suele emplear el alma individual en la creación o recepción de grandes proyectos, ideas y valores colectivos.

Como ejemplo curioso de esta atrofia, puede servir el tópico, en apariencia inocente, de que «hoy no hay hombres» en España. Yo creo que si un Cuvier de la Historia encontrase el hueso de esta sencilla frase, tan repetida hoy entre nosotros, podría reconstruir el esqueleto entero del espíritu público español durante los años corrientes.

Cuando se dice «que hoy no hay hombres», se sobredice que ayer sí los había. Aquella frase no pretende significar nada absoluto, sino meramente una evaluación comparativa entre el hoy y el ayer. Ayer es, para estos efectos, la época feliz de la Restauración y la Regencia, en que aun había «hombres».

Si fuésemos herederos de una edad tan favorable que durante ella hubiesen florecido en España un Bismarck o un Cavour, un Víctor Hugo o un Dostoyewsky, un Faraday o un Pasteur, el reconocimiento de que hoy no había tales hombres sería la cosa más natural del mundo. Pero Restauración y Regencia no sólo transcurrieron exentas de tamañas figuras, sino que representan la hora de mayor declinación en los destinos étnicos de España. Nadie puede dudar de que el contenido vital de nuestro pueblo es hoy muy superior al de aquel tiempo. En ciencia como en riqueza, ha crecido de entonces acá España en proporciociones considerables.

Sin embargo, ayer había «hombres» y hoy no. Esto debe escamarnos un poco. ¿Qué género de «hombría» gozaban aquellos que eran «hombres» y hoy falta a los pseudo-hombres vivientes? ¿Eran más inteligentes, más capaces en sus personas? ¿Había mejores médicos o ingenieros que ahora? ¿Conocía Echegaray la matemática mejor que Rey Pastor? ¿Era más enérgico y perspicaz Ruiz Zorrilla que Lerroux? ¿Se encerraba más agudeza en Sagasta que en el conde de Romanones? ¿Había más ciencia en la obra de Menéndez y Pelayo que en la de Menéndez Pidal? ¿Valían más los estremecimientos poéticos de Núñez de Arce que los de Rubén Darío? ¿Escribía mejor castellano Valera que Pérez de Ayala? Para todo el que juzgue con imparcialidad y alguna competencia, no es dudoso que en casi todas las disciplinas y ejercicios hay hoy españoles tan buenos, si no mejores, que los de ayer, aunque tan pocos hoy como ayer.

Sin embargo, tiene razón el tópico: ayer había «hombres» y hoy no. La «hombría», que, sin darse cuenta de ello, echa hoy la gente de menos, no consiste en las dotes que la persona tiene, sino precisamente en las que el público, la muchedumbre, la masa, pone sobre ciertas personas elegidas. En estos años han ido muriendo los últimos representantes de aquella edad de «hombres». Los hemos conocido y tratado. ¿Quién podría en serio atribuirles calidades de inteligencia y eficacia que no fueran superlativamente modestas? No obstante, a nosotros mismos nos parecían «hombres». La «hombría» estaba, no en sus personas, sino en torno a ellas: era una mística aureola, un nimbo patético que los circundaba proveniente de su representación colectiva. Las masas habían creído en ellos, los habían exaltado, y esta fe, este respeto multitudinarios aparecían condensados en el dintorno de su mediocre personalidad.

Tal vez no haya cosa que califique más certeramente a un pueblo y a cada época de su historia como el estado de las relaciones entre la masa y la minoría directora. La acción pública —política, intelectual o educativa— es, según su nombre indica, de tal carácter, que el individuo por sí solo, cualquiera que sea el grado de su genialidad, no puede ejercerla eficazmente. La influencia pública o, si se prefiere llamarla así, la influencia social, emana de energías muy diferentes de las que actúan en la influencia privada que cada persona puede ejercer sobre la vecina. Un hombre no es nunca socialmente eficaz por sus cualidades individuales, sino por la energía social que la masa ha depositado en él. Sus talentos personales fueron sólo el motivo, ocasión o pretexto para que se condensase en él ese dinamismo social.

Así, un político irradiará tanto de influjo público cuanto sea el entusiasmo y confianza que su partido haya concentrado en él. Un escritor logrará saturar la conciencia colectiva en la medida que el público sienta hacia él devoción. En cambio, sería falso decir que un individuo influye en la proporción de su talento o de su laboriosidad. La razón es clara: cuanto más hondo, sabio y agudo sea un escritor, mayor distancia habrá entre sus ideas y las del vulgo, y más difícil su asimilación por el público. Sólo cuando el lector vulgar tiene fe en el escritor y le reconoce una gran superioridad sobre sí mismo, pondrá el esfuerzo necesario para elevarse a su comprensión. En un país donde la masa es incapaz de humildad, entusiasmo y adoración a lo superior, se dan todas las probabilidades para que los únicos escritores influyentes sean los más vulgares; es decir, los más fácilmente asimilables; es decir, los más rematadamente imbéciles.

Lo propio acontece con el público. Si la

masa no abre, «ex abundantia cordis», por fervorosa impulsión, un largo margen de fe entusiasta a un hombre público, antes bien, creyéndose tan lista como él, pone en crisis cada uno de sus actos y gestos; cuanto más fino sea el político, más irremediables serán las malas inteligencias, menos sólida su postura, más escaso estará de verdadera representación colectiva. ¿Y cómo podrá vencer al enemigo un político que se ve obligado cada día a conquistar humildemente su propio partido?

Venimos, pues, a la conclusión de que los «hombres» cuya ausencia deplora el susodicho tópico son propiamente creación efusiva de las masas entusiastas y, en el mejor sentido del vocablo, mitos colectivos.

En las horas de historia ascendente, de apasionada instauración nacional, las masas se sienten masas, colectividad anónima que, amando su propia unidad, la simboliza y concreta en ciertas personas elegidas, sobre las cuales decanta el tesoro de su entusiasmo vital. Entonces se dice que «hay hombres». En las horas decadentes, cuando una nación se desmorona, víctima del particularismo, las masas no quieren ser masas, cada miembro de ellas se cree personalidad directora, y, revolviéndose contra todo el que sobresale, descarga sobre él su odio, su necedad y su envidia. Entonces, para justificar su inepcia y acallar un íntimo remordimiento, la masa dice que no «hay hombres».

Es completamente erróneo suponer que el entusiasmo de las masas depende del valer de los hombres directores. La verdad es estrictamente lo contrario: el valor social de los hombres directores depende de la capacidad de entusiasmo que posea la masa. En ciertas épocas parece congelarse el alma popular; se vuelve sórdida, envidiosa, petulante, y se atrofia en ella el poder de crear mitos sociales. En tiempo de Sócrates había hombres tan fuertes como pudo ser Hércules; pero el alma de Grecia se había enfriado, e incapaz de segregar míticas fosforescencias, no acertaba ya a imaginar en torno al forzudo un radiante zodiaco de doce trabajos.

Atiéndase a la vida íntima de cualquier partido actual. En todos, incluso en los de la derecha, presenciamos el lamentable espectáculo de que, en vez de seguir al jefe el partido, es la masa de éste quien gravita sobre su jefe. Existe en la muchedumbre un plebeyo resentimiento contra toda posible excelencia, y luego de haber negado a los hombres mejores todo fervor y social consagración, se vuelve a ellos y les dice: «No hay hombres.»

¡Curioso ejemplo de la sólita incongruencia entre lo que la opinión pública dice y lo que más en lo hondo siente! Cuando oigáis decir: «Hoy no hay hombres», entended: «Hoy no hay masas.»

IMPERIO DE LAS MASAS

Una nación es una masa humana organizada, estructurada por una minoría de individuos selectos. Cualquiera que sea nuestro credo político, nos es forzoso reconocer esta verdad, que se refiere a un estrato de la realidad histórica mucho más profundo que aquel donde se agitan los problemas políticos. La forma jurídica que adopte una sociedad nacional podrá ser todo lo democrática y aun comunista que quepa imaginar; no obstante, su constitución viva, transjurídica, consistirá siempre en la acción dinámica de una minoría sobre una masa. Se trata de una ineludible ley natural que representa en la biología de las sociedades un papel semejante al de la ley de las densidades en física. Cuando en un líquido se arrojan cuerpos sólidos de diferente densidad, acaban éstos siempre por quedar situados a la altura que a su densidad corresponde. Del mismo modo, en toda agrupación humana se produce espontáneamente una articulación de sus miembros, según la diferente densidad vital que poseen. Esto se advierte ya en la forma más simple de sociedad, en la conversación. Cuando seis hombres se reunen para conversar, la masa indiferenciada de interlocutores, que al principio son, queda, poco después, articulada en dos partes, una de las cuales dirige en la conversación a la otra, influye en ella, regala más que recibe. Cuando esto no acontece, es que la parte inferior del grupo se resiste anómalamente a ser dirigida, influída por la porción superior, y entonces la conversación se hace imposible. Así, cuando en una nación la masa se niega a ser masa —esto es, a seguir a la minoría directora—, la nación se deshace, la sociedad se desmembra, y sobreviene el caos social, la invertebración histórica.

Un caso extremo de esta invertebración histórica estamos ahora viviendo en España.

Todas las páginas de este rápido ensayo tienden a corregir la miopía que usualmente se padece en la percepción de los fenómenos sociales. Esa miopía consiste en creer que los fenómenos sociales, históricos, son los fenómenos políticos, y que las enfermedades de un cuerpo nacional son enfermedades políticas. Ahora bien: lo político es ciertamente el escaparate, el dintorno o cutis de lo social. Por eso es lo que salta primero a la vista. Y hay, en efecto, enfermedades nacionales que son meramente perturbaciones políticas, erupciones o infecciones de la piel social. Pero esos morbos externos no son nunca graves. Cuando lo que está mal en un país es la política, puede decirse que nada está muy mal. Ligero y transitorio el malestar, es seguro que el cuerpo social se regulará a sí mismo un día u otro.

En España, por desgracia, la situación es inversa. El daño no está tanto en la política como en la sociedad misma, en el corazón y en la cabeza de casi todos los españoles.

¿Y en qué consiste esta enfermedad? Se oye hablar a menudo de la «inmoralidad pública», y se entiende por ella la falta de justicia en los tribunales, la simonía en los empleos, el latrocinio en los negocios que dependen del Poder público. Prensa y Parlamento dirigen la atención de los ciudadanos hacia esos delitos como a la causa de nuestra progresiva descomposición. Yo no dudo que padezcamos una abundante dosis de «inmoralidad pública»; pero al mismo tiempo creo que un pueblo sin otra enfermedad más honda que esa podría pervivir y aun engrosar. Nadie que haya deslizado la vista por la Historia Universal puede desconocer esto: si se quiere un ejemplo escandaloso y nada remoto, ahí está la historia de los Estados Unidos durante los últimos cincuenta años. A lo largo de ellos ha corrido por la vida norteamericana un Misisipí de «inmoralidad pública». Sin embargo, la nación ha crecido gigantescamente, y las estrellas de la Unión son hoy uno de los signos mayores del zodíaco internacional. Podrá irritar nuestra conciencia ética este hecho escandaloso de que esas formas de «inmoralidad» no aniquilen a un pueblo, antes bien, coincidan con su encumbramiento; pero mientras nos irritamos, la realidad sigue produciéndose según ella es, y no según nosotros pensamos que debía ser.

La enfermedad española es, por malaventura, más grave que la susodicha «inmoralidad pública». Peor que tener una enfermedad es ser una enfermedad. Que una sociedad sea inmoral, tenga o contenga inmoralidad, es grave; pero que una sociedad no sea una sociedad, es mucho más grave. Pues bien, este es nuestro caso. La sociedad española se está disociando desde hace largo tiempo, porque tiene infeccionada la raíz misma de la actividad socializadora.

El hecho primario social no es la mera reunión de unos cuantos hombres, sino la articulación que en ese ayuntamiento se produce inmediatamente. El hecho primario social es la organización en dirigidos y directores de un montón humano. Esto supone en unos cierta capacidad para dirigir; en otros, cierta facilidad íntima para dejarse dirigir (1). En suma: donde no hay una minoría que actúa sobre una masa colectiva, y una masa que sabe aceptar el influjo de una minoría, no hay sociedad, o se está muy cerca de que no la haya.

Pues bien: en España vivimos hoy entregados al imperio de las masas. Los miopes no lo creen así porque, en efecto, no ven motines en las calles ni asaltos a los Bancos y ministerios. Pero esa revolución callejera significaría sólo el aspecto político que toma, a veces, el imperio de una masa social determinada: la proletaria.

Yo me refiero a una forma de dominio mucho más radical que la algarada en la plazuela, más profunda, difusa, omnipresente, y no de una sola masa social, sino de todas, y en especie de las masas con mayor poderío: las de clase media y superior.

En el capítulo anterior he aludido al extraño fenómeno de que, aun en los partidos políticos de la extrema derecha, no son los jefes quie-

---

(1) Como luego verá el lector, no se trata exclusivamente, ni siquiera principalmente, de directores y dirigidos en el sentido político; esto es, de gobernantes y gobernados. Lo político, repito, es sólo una faceta de lo social.

nes dirigen a sus masas, sino éstas quienes empujan violentamente a sus jefes para que adopten tal o cual actitud. Así hemos visto que los «jóvenes mauristas» no han aceptado la política internacional que durante la guerra Maura proponía, sino, al revés, han pretendido imponer a su jefe la política internacional que en sus cabezas livianas y atropelladas —cabezas de «masa»— se había instalado. Lo propio aconteció con los carlistas, que han coceado en masa a su conductor, obligándole a una retirada.

Las Juntas de Defensa no son, a la postre, sino otro ejemplo de esta subversión moral de las masas contra la minoría selecta. En los cuartos de bandera se ha creído de buena fe —y esta buena fe es lo morboso del hecho— que allí se entendía de política más que en los lugares donde, por obligación o por devoción, se viene desde hace muchos años meditando sobre los asuntos públicos.

Este fenómeno mortal de insubordinación espiritual de las masas contra toda minoría eminente se manifiesta con tanta mayor exquisitez cuanto más nos alejemos de la zona política. Así, el público de los espectáculos y conciertos se cree superior a todo dramaturgo, compositor o crítico, y se complace en cocear a unos y otros. Por muy escasa discreción y sabiduría que goce un crítico, siempre ocurrirá que posee más de ambas calidades que la mayoría del público. Sería lo natural que ese público sintiese la evidente superioridad del crítico, y, reservándose toda la independencia definitiva que parece justa, hubiese en él la tendencia a dejarse influír por las estimaciones del entendido. Pero nuestro público parte de un estado de espíritu inverso a éste: la sospecha de que alguien pretenda entender de algo un poco más que él, le pone fuera de sí.

En la misma sociedad aristocrática acontece lo propio. No son las damas mejor dotadas de espiritualidad y elegancia quienes imponen sus gustos y maneras, sino, al revés, las damas más aburguesadas, toscas e inelegantes, quienes aplastan con su necedad a aquellas criaturas excepcionales.

Donde quiera, asistimos al deprimente espectáculo de que los peores, que son los más, se revuelven frenéticamente contra los mejores.

¿Cómo va a haber organización en la política española, si no la hay ni siquiera en las conversaciones? España se arrastra invertebrada, no ya en su política, sino, lo que es más hondo y sustantivo que la política, en la convivencia social misma.

De esta manera no podrá funcionar mecanismo alguno de los que integran la máquina pública. Hoy se parará una institución; mañana, otra; hasta que sobrevenga el definitivo colapso histórico.

Ni habrá ruta posible para salir de tal situación, porque, negándose la masa a lo que es su biológica misión, esto es, a seguir a los mejores, no aceptará ni escuchará las opiniones de éstos, y sólo triunfarán en el ambiente colectivo las opiniones de la masa, siempre inconexas, desacertadas y pueriles.

ÉPOCAS «KITRA»
Y ÉPOCAS «KALI»

Cuando la masa nacional degenera hasta el punto de caer en un estado de espíritu como el descrito, son inútiles razonamientos y predicación. Su enfermedad consiste precisamente en que no quiere dejarse influir, en que no está dispuesta a la humilde actitud de escuchar. Cuanto más se la quiera adoctrinar, más herméticamente cerrará sus oídos y con mayor violencia pisoteará a los predicadores. Para sanar será preciso que sufra en su propia carne las consecuencias de su desviación moral. Así ha acontecido siempre.

Las épocas de decadencia son las épocas en que la minoría directora de un pueblo —la aristocracia— ha perdido sus cualidades de excelencia, aquellas precisamente que ocasionaron su elevación. Contra esa aristocracia ineficaz y corrompida se rebela la masa justamente. Pero, confundiendo las cosas, generaliza las objeciones que aquella determinada aristocracia inspira, y, en vez de sustituírla con otra más virtuosa, tiende a eliminar todo intento aristocrático. Se llega a creer que es posible la existencia social sin minoría excelente; más aun, se construyen teorías políticas e históricas que presentan como ideal una sociedad exenta de aristocracia. Como esto es positivamente imposible, la nación prosigue aceleradamente su trayectoria de decadencia. Cada día están las cosas peor. Las masas de los distintos grupos sociales —un día, la burguesía; otro, la milicia; otro, el proletariado— ensayan vanas panaceas de buen gobierno, que en su simplicidad mental imaginaban poseer. Al fin, el fracaso de sí mismas, experimentado al actuar, alumbra en sus cabezas, como un descubrimiento, la sospecha de que las cosas son más complicadas de lo que ellas suponían, y, consecuentemente, que no son ellas las llamadas a regirlas. Paralelamente a este fracaso político padecen en su vida privada los resultados de la desorganización. La seguridad pública peligra; la economía privada se debilita; todo se vuelve angustioso y desesperante; no hay donde tornar la mirada que busca socorro. Cuando la sensibilidad colectiva llega a esta sazón, suele iniciarse una nueva época histórica. El dolor y el fracaso crean en las masas una nueva actitud de sincera humildad, que les hace volver la espalda a todas aquellas ilusiones y teorías antiaristocráticas. Cesa el rencor contra la minoría eminente. Se reconoce la necesidad de su intervención específica en la convivencia social. De esta suerte, aquel ciclo histórico se cierra y vuelve a abrirse otro. Comienza un período en que se va a formar una nueva aristocracia.

Repito que todo este proceso se desarrolla, no sólo ni siquiera principalmente, en el orden político. Las ideas de aristocracia y masa han de entenderse referidas a todas las formas de relación interindividual, y actúan en todos los puntos de la coexistencia humana. Precisamente allí donde su acción pudiera juzgarse más baladí, es donde ejercen su influjo más decisivo y primario. Cuando la subversión moral de la masa contra la minoría mejor llega a la política, ha recorrido ya todo el cuerpo social.

Hay en la historia una perenne sucesión alternada de dos clases de épocas: épocas de formación de aristocracias, y con ellas de la sociedad, y épocas de decadencia de esas aristocracias, y con ellas disolución de la sociedad. En los *purana* indios se las llama época *Kitra* y época *Kali*, que en ritmo perdurable se siguen una a otra. En las épocas *Kali*, el régimen de castas degenera, los *sudra*, es decir, los inferiores, se encumbran, porque

Brahma ha caído en sopor. Entonces Vishnú toma la forma terrible de Siva y destruye las formas existentes: el crepúsculo de los dioses alumbra lívido el horizonte. Al cabo, Brahma despierta, y bajo la fisonomía de Vishnú, el dios benigno, recrea el Cosmos de nuevo y hace alborear la nueva época *Kitra*.

A los hombres de una época *Kali*, como es la nuestra, les irrita sobremanera la idea de las castas. Y, sin embargo, se trata de un pensamiento profundo y certero. Dos elementos muy distintos y de valor desigual se unen en él.

Por un lado, la idea de la organización social en castas significa el convencimiento de que la sociedad tiene una estructura propia, que consiste objetivamente, queramos o no, en una jerarquía de funciones. Tan absurdo como sería querer reformar el sistema de las órbitas siderales, o negarse a reconocer que el hombre tiene cabeza y pies; la tierra, norte y sur; la pirámide, cúspide y base, es ignorar la existencia de una contextura esencial a toda sociedad, consistente en un sistema de funciones colectivas de variado rango.

El otro elemento que, infiltrándose en el primero, forma el concepto de casta, es la cuestión de cómo distinguiremos los individuos que deben ejercer esas diferentes funciones.

El indo, dominado por una interpretación mágica de la Naturaleza, cree que la capacidad para ejercer una función va adscrita, como mística gracia, a la sangre. Sólo podrá ser buen guerrero el hijo de guerrero, y buen hortelano el hijo de hortelano. Los individuos son, pues, repartidos en los diversos rangos sociales en virtud de un principio genealógico, de herencia sanguínea.

Elimínese este principio mágico del régimen de castas, y quedará una concepción de la sociedad más honda y transcendente que las hoy prestigiosas. Después de todo, la ideología política moderna ha estado dirigida por una inspiración no menos mágica que la asiática, aunque de signo inverso. Se pretende que la sociedad sea según a nosotros se nos antoja que *debe ser*. ¡Como si ella no tuviese su inmutable estructura o esperase a recibirla de nuestro deseo! Todo el utopismo moderno es magia. No pasará mucho tiempo sin que el gesto de Kant, decretando cómo *debe ser* la sociedad, parezca a todos un torpe ademán mágico.

LA MAGIA DEL «DEBE SER»

La cuestión de las relaciones entre aristocracia y masa suele plantearse desde hace dos siglos bajo una perspectiva ética o jurídica. No se habla más que de si la constitución política, desde un punto de vista moral o de justicia, *debe ser* o *no debe ser* aristocrática. En vez de analizar previamente lo que *es*, las condiciones ineludibles de una realidad, se procede desde luego a dictaminar sobre cómo *deben ser* las cosas. Este ha sido el vicio característico de los «progresistas», de los «radicales», y, más o menos, de todo el espíritu llamado «liberal» y «democrático». Se trata de una actitud mental sobremanera cómoda. Es muy fácil, en efecto, dibujar una organización social esquemática que presente una faz atractiva. Basta para ello que supongamos imaginariamente realizados nuestros deseos o que, abandonando nuestro intelecto a su puro movimiento dialéctico, construyamos *more geometrico* un cuerpo social dotado de todas las perfecciones formales que tienen un polígono o un dodecaedro. Pero esta suplantación de lo real por lo abstractamente deseable es un síntoma de puerilidad (1). No basta que algo sea deseable para que sea realizable, y, lo que es aun más importante, no basta que una cosa se nos antoje deseable para que sea la más deseable. Sometido al influjo de las inclinaciones dominantes en nuestro tiempo, yo he vivido también durante algunos años ocupado en resolver esquemáticamente cómo *deben ser* las cosas. Cuando luego he entrado de lleno en el estudio y meditación del pasado histórico, me sorprendió superlativamente hallar que la realidad social había sido en ocasiones mucho más deseable, más rica en valores, más próxima a una verdadera perfección, que todos mis sórdidos y parciales esquemas.

Sólo *debe ser* lo que *puede ser*, y sólo puede ser lo que se mueve dentro de las condiciones de lo que *es*. Fuera deseable que el cuerpo humano tuviese alas como el pájaro; pero como no puede tenerlas, porque su

---
(1) Véase sobre psicología infantil mi ensayo «Biología y Pedagogía», publicado en el tomo tercero de «El Espectador».

estructura zoológica se lo impide, sería falso decir que *debe* tener alas.

El ideal de una cosa, o, dicho de otro modo, lo que una cosa *debe ser*, no puede consistir en la suplantación de su contextura real, sino, por el contrario, en el perfeccionamiento de ésta. Por lo tanto, toda sentencia sobre cómo deben ser las cosas presupone la devota observación de su realidad.

Desde el punto de vista ético o jurídico no se puede construir el ideal de una sociedad. Esta fué la aberración de los siglos xviii y xix. Con la moral y el derecho no se llega ni siquiera a asegurar que nuestra utopía social sea plenamente justa; no hablemos de otras calidades más perentorias aun que la justicia para una sociedad.

¿Cómo? ¿Cabe exigir de una sociedad que sea alguna otra cosa antes que justa? Evidentemente, antes que ser justa una sociedad tiene que ser sana, es decir, tiene que ser una sociedad. Por tanto, antes que la ética y el derecho, con sus esquemas de lo que *debe ser*, tiene que hablar el buen sentido, con su intuición de lo que *es*.

Resulta completamente ocioso discutir si una sociedad debe ser o no debe ser constituída con la intervención de una aristocracia. La cuestión está resuelta desde el primer día de la historia humana: una sociedad sin aristocracia, sin minoría egregia, no es una sociedad.

Volvamos la espalda a las éticas mágicas y quedémonos con la única aceptable, que hace veintiséis siglos resumió Píndaro en su ilustre imperativo: «Llega a ser lo que eres.»

EJEMPLARIDAD Y DOCILIDAD

Una tosca sociología, nacida por generación espontánea, y que desde hace mucho tiempo domina las opiniones circulantes, tergiversa estos conceptos de masa y minoría selecta, entendiendo por aquélla el conjunto de las clases económicamente inferiores, la plebe, y por ésta las clases más elevadas socialmente. Mientras no corrijamos este *quid pro quo* no adelantaremos un paso en la inteligencia de lo social.

En toda clase, en todo grupo que no padezcan graves anomalías, existe siempre una masa vulgar y una minoría sobresaliente. Claro es que dentro de una sociedad saludable las clases superiores, si lo son verdaderamente, contarán con una minoría más nutrida y más selecta que las clases inferiores. Pero esto no quiere decir que falte en aquéllas la masa. Precisamente lo que acarrea la decadencia social es que las clases próceres han degenerado y se han convertido casi íntegramente en masa vulgar.

Nada se halla, pues, más lejos de mi intención, cuando hablo de aristocracia, que referirme a lo que por descuido suele aun llamarse así.

Procuremos, pues, trasponiendo los tópicos al uso, adquirir una intuición clara sobre la acción recíproca entre masa y minoría selecta, que es, a mi juicio, el hecho básico de toda sociedad y el agente de su evolución hacia el bien como hacia el mal.

Cuando varios hombres se hallan juntos, acaece que uno de ellos hace un gesto más gracioso, más expresivo, más exacto que los habituales, o bien pronuncia una palabra más bella, más reverberante de sentido, o bien emite un pensamiento más agudo, más luminoso, o bien manifiesta un modo de reacción sentimental ante un caso de la vida que parece más acertado, más gallardo, más elegante o más justo. Si los presentes tienen un temperamento normal sentirán que, automáticamente, brota en su ánimo el deseo de hacer aquel gesto, de pronunciar aquella palabra, de vibrar en pareja emoción. No se trata, sin embargo, de un movimiento de imitación. Cuando imitamos a otra persona nos damos cuenta de que no somos como ella, sino que estamos fingiendo serlo. El fenómeno a que yo me refiero es muy distinto de este mimetismo. Al hallar otro hombre que es mejor, o que hace algo mejor que nosotros, si gozamos de una sensibilidad normal, desearemos llegar a ser de verdad, y no ficticiamente, como él es, y hacer las cosas como él las hace. En la imitación actuamos, por decirlo así, fuera de nuestra auténtica personalidad, nos creamos una máscara exterior. Por el contrario, en la asimilación al hombre ejemplar que ante nosotros pasa, toda nuestra persona se polariza y orienta hacia su modo de ser, nos disponemos a reformar verídicamente nuestra esencia, según la pauta admirada. En suma: percibimos como tal la *ejemplaridad* de aquel hombre y sentimos *docilidad* ante su ejemplo.

He aquí el mecanismo elemental creador de toda sociedad: la ejemplaridad de unos pocos se articula en la docilidad de otros muchos. El resultado es que el ejemplo cunde y que los inferiores se perfeccionan en el sentido de los mejores.

Esta capacidad de entusiasmarse con lo óptimo, de dejarse arrebatar por una perfección transeunte, de ser dócil a un arquetipo o forma ejemplar, es la función psíquica que el hombre añade al animal, y que dota de progresividad a nuestra especie frente a la estabilidad relativa de los demás seres vivos.

No es este lugar oportuno para rebatir las interpretaciones materialistas, y, en general, utilitarias de la historia, arcaicos armatostes, cien veces descalificados, que aportan soluciones metafísicas a problemas de hecho como son los históricos. Y el hecho es que los miembros de toda sociedad humana, aun la más primitiva, se han dado siempre cuenta de que todo acto puede ejecutarse de dos maneras, una mejor y otra peor; de que existen normas o modos ejemplares de vivir y ser. Precisamente la docilidad a esas normas crea la continuidad de convivencia, que es la sociedad. La indocilidad, esto es, la insumisión a ciertos tipos normativos de las acciones, trae consigo la dispersión de los individuos, la disociación. Ahora bien: esas normas fueron originariamente acciones ejemplares de algún individuo.

No fué, pues, la fuerza, ni la utilidad (1) lo que juntó a los hombres en agrupaciones permanentes, sino el poder atractivo de que automáticamente goza sobre los individuos de nuestra especie el que en cada caso es más perfecto. Educados en un tiempo de relativa disociación, nos cuesta, como es natural,

---

(1) Fuerza y utilidad son como corrientes inducidas que se producen dentro del circuito social, una vez que se ha formado.

algún esfuerzo representarnos el estado de espíritu que lleva a la formación de una sociedad, porque es justamente opuesto al nuestro.

Las más primitivas leyendas y mitos sobre creación de pueblos, tribus, hordas, aluden patéticamente a personajes sublimes, dotados de prodigiosas facultades, padres del grupo social. Con un torpe evemerismo muy siglo XIX, se ha explicado esto siempre diciendo que los hombres reales, un tiempo influyentes en el grupo, fueron luego idealizados, ejemplarizados por la posteridad. Pero sería inverosímil esta idealización *a posteriori* si aquellos personajes no hubiesen, en vida, suscitado ese ideal entusiasmo, si no hubiesen sido de hecho ideales o arquetipos. No se hizo de ellos modelos porque en vida fueron influyentes, sino, al revés: fueron influyentes, socializadores, porque fueron, desde luego, modelos.

En la misma angostura de las paredes donde se desarrolla la sociedad familiar, padre y madre son modelos natos de los hijos, y además, ideales el uno del otro. Cuando este influjo se aniquila la familia se desarticula.

No se debe olvidar nunca, si se quiere llegar a una idea clara sobre las fuerzas radicales productoras de socialización, el hecho, cada vez más comprobado, de que las asociaciones primarias no fueron de carácter político y económico. El Poder, con sus medios violentos, y la utilidad, con su mecanismo de intereses, no han podido engendrar sociedades sino dentro de una asociación previa. Estas primigenias sociedades tuvieron un carácter festival, deportivo o religioso. La ejemplaridad estética, mágica o simplemente vital de unos pocos atrajo a los dóciles. Todo otro influjo o *cracia* de un hombre sobre los demás, que no sea esa automática emoción suscitada por el arquetipo o ejemplar en los entusiastas que le rodean, son efímeros y secundarios. No hay, ni ha habido jamás, otra *aristocracia* que la fundada en ese poder de atracción psíquica, especie de ley de gravitación espiritual, que arrastra a los dóciles en pos de un modelo.

Se dice que la sociedad se divide en gente que manda y gente que obedece; pero esta obediencia no podrá ser normal y permanente sino en la medida en que el obediente ha otorgado con íntimo homenaje al que manda el derecho a mandar.

Un hombre eminente, en vista de su ejemplaridad, fué dotado por la muchedumbre dócil de cierta autoridad pública. Muere aquel hombre y su autoridad queda como un hueco social, especie de forma anónima, que otros individuos vendrán a ocupar, unas veces con mérito bastante, otras sin él. A la postre, el prestigio de la autoridad durará lo que dure el recuerdo de las personas ejemplares que la ejercieron.

La obediencia supone, pues, docilidad. No confundamos, por tanto, la una con la otra. Se obedece a un mandato, se es dócil a un ejemplo, y el derecho a mandar no es sino un anejo de la ejemplaridad.

Todas las demás formas de sociedad, con su complicación y especificación inextricables, suponen esa gravitación originaria de las almas vulgares, pero sanas, hacia las fisonomías egregias.

De esta manera vendremos a definir la sociedad, en última instancia, como la unidad dinámica espiritual que forman un ejemplar y sus dóciles. *Esto indica que la sociedad es ya de suyo y nativamente un aparato de perfeccionamiento.* Sentirse dócil a otro lleva a convivir con él, y, simultáneamente, a vivir como él; por tanto, a mejorar en el sentido del modelo. El impulso de entrenamiento hacia ciertos modelos que quede vivo en una sociedad será lo que ésta tenga verdaderamente de tal.

Una raza humana que no haya degenerado, produce normalmente, en proporción con la cifra total de sus miembros, cierto número de individuos eminentes, donde las capacidades intelectuales, morales y, en general, vitales, se presentan con máxima potencialidad. En las razas más finas, este coeficiente de eminencias es mayor que en las razas bastas, o, dicho al revés, una raza es superior a otra cuando consigue poseer mayor número de individuos egregios.

La excelencia de estas personalidades óptimas es de tipo muy diverso. Dentro de cada clase o grupo se destacan ciertos individuos en quienes las calidades propias a la clase o grupo aparecen extremadas. Una nación no podría nutrir sus necesidades históricas si estuviese atenida a un solo tipo de excelencia. Hace falta, junto a los eminentes sabios y artistas, el militar ejemplar, el industrial perfecto, el obrero modelo y aun el genial hombre de mundo. Y tanto o más que todo esto necesita una nación de mujeres sublimes. La carencia perdurable de algunos de esos tipos cardinales de perfección concluirá por hacerse sentir en el desarrollo multisecular de la vida nacional. La raza cojeará de algún lado, y esta claudicación acarreará, a la postre, su total decadencia. Porque hay un cierto mínimo de funciones vitales superiores que todo pueblo necesita ejercer cumplidamente, so pena de muerte. A este fin, es necesario que en el pueblo existan siempre individuos dotados ejemplarmente para el ejercicio de aquellas funciones. De otra suerte, el nivel de ese ejercicio irá descendiendo hasta caer bajo la línea que marca el mínimo de perfección imprescindible. Tómese como ejemplo la actividad intelectual. Es evidente que una nación contemporánea no puede vivir con alguna plenitud, si no sabe ejercer sus funciones intelectivas —concepción de la realidad, ciencias, técnicas, administración— con elevación, complejidad y sutileza. Ahora bien: si durante varias generaciones faltan o escasean hombres de vigorosa inteligencia, que sirvan de diapasón y norma a los demás, que marquen el tono de intensidad mental exigido por los problemas del tiempo, la masa tenderá, según la ley del mínimo esfuerzo, a pensar con menos rigor cada vez; el repertorio de curiosidades, ideas, puntos de vista, menguará progresivamente hasta caer bajo el nivel impuesto por las necesidades de la época. Tendremos el caso de una raza entontecida, intelectualmente degenerada.

Este mecanismo de *ejemplaridad-docilidad*, tomado como principio de la coexistencia social, tiene la ventaja, no sólo de sugerir cuál es la fuerza espiritual que crea y mantiene las sociedades, sino que, a la vez, aclara el fenómeno de las decadencias e ilustra la patología de las naciones. Cuando un pueblo se arrastra por los siglos gravemente valetudinario, es siempre, o porque faltan en él hombres ejemplares, o porque las masas son indóciles. La coyuntura extrema consistirá en que ocurran ambas cosas.

Véase hasta qué punto la cuestión de las relaciones entre aristocracia y masa es previa a todos los formalismos éticos y jurídicos, puesto que nos aparece como la raíz misma del hecho social.

Si ahora tornamos los ojos a la realidad española, fácilmente descubriremos en ella un atroz paisaje saturado de indocilidad y sobremanera exento de ejemplaridad. Por una extraña y trágica perversión del instinto encargado de las valoraciones, el pueblo español, desde hace siglos, detesta todo hombre ejemplar, o, cuando menos, está ciego para sus cualidades excelentes. Cuando se deja conmover por alguien, se trata, casi invariablemente, de algún personaje ruin e inferior.

El dato que mejor define la peculiaridad de una raza es el perfil de los modelos que elige, como nada revela mejor la radical condición de un hombre que los tipos femeninos de que es capaz de enamorarse. En la elección de amada, hacemos, sin saberlo, nuestra más verídica confesión.

Después de haber mirado y remirado largamente los diagnósticos que suelen hacerse de la mortal enfermedad padecida por nuestro pueblo, me parece hallar el más cercano a la verdad en la *aristofobia* u odio a los mejores.

LA AUSENCIA DE LOS «MEJORES»

Lo primero que el historiador debiera hacer para definir el carácter de una nación o de una época es fijar la ecuación peculiar en que las relaciones de sus masas con las minorías selectas se desarrollan dentro de ella. La fórmula que descubra será una clave secreta para sorprender las más recónditas palpitaciones de aquel cuerpo histórico.

Hay razas que se han caracterizado por una abundancia casi monstruosa de personalidades ejemplares, tras de las cuales sólo había una masa exigua, insuficiente e indócil. Este fué el caso de Grecia, y éste el origen de su inestabilidad histórica. Llegó un momento en que la nación helénica vino a ser como una industria donde sólo se elaborasen modelos, en vez de contentarse con fijar unos cuantos «standard» y fabricar conforme a ellos abundante mercancía humana. Genial como cultura, fué Grecia inconsistente como cuerpo social y como Estado.

Un caso inverso es el que ofrecen Rusia y España, los dos extremos de la gran diagonal europea. Muy diferentes en otra porción de calidades, coinciden Rusia y España en ser las dos razas «pueblo», esto es, en padecer una evidente y perdurable escasez de individuos eminentes. La nación eslava es una enorme masa popular sobre la cual tiembla una cabeza minúscula. Ha habido siempre, es cierto, una exquisita minoría que actuaba sobre la vida rusa, pero de dimensiones tan exiguas en comparación con la vastedad de la raza, que no ha podido nunca saturar de su influjo organizador el gigantesco plasma popular. De aquí el aspecto protoplasmático, amorfo, persistentemente primitivo, que la existencia rusa ofrece.

En cuanto a España... Es extraño que de nuestra larga historia no se haya espumado cien veces el rasgo más característico, que es, a la vez, el más evidente y a la mano: la desproporción casi incesante entre el valor de nuestro vulgo y el de nuestras minorías selectas. La personalidad autónoma, que adopta ante la vida una actitud individual y consciente, ha sido rarísima en nuestro país. Aquí lo ha hecho todo el «pueblo», y lo que el «pueblo» no ha podido hacer se ha quedado sin hacer. Ahora bien: el «pueblo» sólo puede ejercer funciones elementales de vida; no puede hacer ciencia, ni arte superior, ni crear una civilización pertrechada de complejas técnicas, ni organizar un estado de prolongada consistencia, ni destilar de las emociones mágicas una elevada religión.

Y, en efecto, el arte español es maravilloso en sus formas populares y anónimas —cantos, danzas, cerámica— y es muy pobre en sus formas eruditas y personales. Alguna vez ha surgido un hombre genial, cuya obra aislada y abrupta no ha conseguido elevar el nivel medio de la producción. Entre él, solitario individuo, y la masa llana no había intermediarios y, por lo mismo, no había comunicación. Y eso que aun estos raros genios españoles han sido siempre medio «pueblo», sin que su obra haya conseguido nunca libertarse por completo de una ganga plebeya o vulgar.

La nota que diferencia la obra ejecutada por la masa de la que produce el esfuerzo personal es la «anonimidad». Pues bien: compárese el conjunto de la historia de Inglaterra o de Francia con nuestra historia nacional, y saltará a la vista el carácter anónimo de nuestro pasado frente a la pululación de personalidades sobre el escenario de aquellas naciones.

Mientras la historia de Francia o de Inglaterra es una historia hecha principalmente por minorías, todo lo ha hecho aquí la masa, directamente o por medio de su condensación virtual en el Poder público, político o eclesiástico. Cuando entramos en nuestras villas milenarias vemos iglesias y edificios públicos. La creación individual falta casi por completo. ¿No se advierte la pobreza de nuestra arquitectura civil privada? Los «palacios» de las viejas ciudades son, en rigor, modestísimas habitaciones en cuya fachada gesticula pretenciosamente la vanidad de unos blasones. Si se quita a Toledo, a la imperial Toledo, el Alcázar y la Catedral, queda una mísera aldea.

De suerte que, así como han escaseado los hombres de sensibilidad artística poderosa, capaces de crearse un estilo personal, han faltado también los fuertes temperamentos que logran concentrar en su propia persona una gran energía social y merced a ello pueden realizar grandes obras de orden material o moral.

Mírese por donde plazca, el hecho español de hoy, de ayer o de anteayer, y siempre sorprenderá la anómala ausencia de una minoría suficiente. Este fenómeno explica toda nuestra historia, inclusive aquellos momentos de fugaz plenitud.

Pero hablar de la historia de España es hablar de lo desconocido. Puede afirmarse que casi todas las ideas sobre el pasado nacional que hoy viven alojadas en las cabezas españolas son ineptas y, a menudo, grotescas. Ese repertorio de concepciones, no sólo falsas, sino intelectualmente monstruosas, es precisamente una de las grandes rémoras que impiden el mejoramiento de nuestra vida.

Yo no quisiera aventurarme a exponer ahora con excesiva abreviatura lo que, a mi juicio, constituye el perfil esencial de la historia española. Son de tal modo heterodoxos mis pensamientos; dan de tal modo en rostro al canon usual, que parecería lo que dijese una historia de España vuelta del revés.

Pero hay un punto que me es forzoso tocar. Hemos oído constantemente decir que una de las virtudes preclaras de nuestro pasado consiste en que no hubo en España feudalismo. Por esta vez, la opinión reiterada es, en parte, exacta: en España no ha habido apenas feudalismo; sólo que esto, lejos de ser una virtud, fué nuestra primera gran desgracia y la causa de todas las más.

España es un organismo social, por decirlo así; un animal histórico que pertenece a una especie determinada, a un tipo de sociedades o «naciones» germinadas en el centro y occidente de Europa cuando el Imperio romano sucumbe. Esto quiere decir que España posee una estructura específica idéntica a la de Francia, Inglaterra e Italia. Las cuatro naciones se forman por la conjunción de tres elementos, dos de los cuales son comunes a todas y sólo uno varía. Estos tres elementos son: la raza relativamente autóctona, el sedimento civilizatorio romano y la inmigración germánica. El factor romano, idéntico en todas partes, representa un elemento neutro en la evolución de las naciones europeas. A primera vista parece lógico buscar el principio decisivo de diferenciación entre ellas en la base autóctona, de modo que Francia se diferenció de España lo que la raza gala se diferenciase de la ibérica. Pero esto es un error. No pretendo, claro está, negar la influencia diferenciadora de galos e iberos en el desarrollo de Francia y España; lo que niego es que sea ella la decisiva. Y no lo es, por una razón sencilla. Ha habido naciones que se formaron por fusión de varios elementos en un mismo plano. A este tipo pertenecen casi todas las naciones asiáticas. El pueblo A y el pueblo B se funden sin que en el mecanismo de esa fusión corresponda a uno de ellos un rango dinámico superior. Pero nuestras naciones europeas tienen una anatomía y una fisiología históricas muy diferentes de las de esos cuerpos orientales. Como antes decía, pertenecen a una especie zoológica distinta y tienen su peculiar biología. Son sociedades nacidas de la conquista de un pueblo por otro — no de un pueblo por un ejército, como aconteció en Roma—. Los germanos conquistadores no se funden con los autóctonos vencidos, en un mismo plano, horizontalmente, sino verticalmente. Podrán recibir influjos del vencido, como los recibieron de la disciplina romana; pero en lo esencial son ellos quienes imponen su estilo social a la masa sometida; son el poder plasmante y organizador; son la «forma», mientras los autóctonos son la «materia». Son el ingrediente decisivo; son los que «deciden». El carácter vertical de las estructuras nacionales europeas que, mientras se van formando, las mantiene articuladas en dos pisos o estratos, me parece ser el rasgo típico de su biología histórica.

Siendo, pues, los germanos el ingrediente decisivo, también lo será para los efectos de la diferenciación, con lo cual llego a un pensamiento que parecerá escandaloso, pero que me interesa dejar aquí someramente formulado, a saber: la diferencia entre Francia y España se deriva, no tanto de la diferencia entre galos e iberos, como de la diferente calidad de los pueblos germánicos que invadieron ambos territorios. Va de Francia a España lo que va del franco al visigodo.

Por desgracia, del franco al visigodo va una larga distancia. Si cupiese acomodar los pueblos germánicos inmigrantes en una escala de mayor a menor vitalidad histórica, el franco ocuparía el grado más alto, el visigodo un grado muy inferior. ¿Esta diferente potencialidad de uno y otro era originaria, nativa? No es ello cosa que ahora podamos averiguar ni importa para nuestra cuestión. El hecho es que al entrar el franco en las Galias y el visigodo en España representan ya dos niveles distintos de energía humana. El visigodo era el pueblo más viejo de Germania: había convivido con el Imperio romano en su hora más corrupta: había recibido su influjo directo y envolvente. Por lo mismo, era el más «civilizado», esto es, el más reformado, deformado y anquilosado. Toda «civilización» recibida es fácilmente mortal para quien la recibe. Porque la «civilización» —a diferencia de la cultura— es un conjunto de técnicas mecanizadas, de excitaciones artificiales, de lujos o «luxuria» que se va formando por decantación en la vida de un pueblo. Inoculado a otro organismo popular es siempre tóxico, y en altas dosis es mortal. Un ejemplo: el alcohol fué una «luxuria» aparecida en las civilizaciones de raza blanca, que, aunque sufran daños con su uso, se han mostrado capaces de soportarlo. En cambio, transmitido a Oceanía y al África negra, el alcohol aniquila razas enteras.

Eran, pues, los visigodos germanos alcoholizados de romanismo, un pueblo decadente que venía dando tumbos por el espacio y por el tiempo cuando llega a España, último rincón de Europa, donde encuentra algún reposo. Por el contrario, el franco irrumpe intacto en la gentil tierra de Galia vertiendo sobre ella el torrente indómito de su vitalidad.

Hay personas que cuando oyen hablar de vitalidad se representan una figura humana dotada de enormes músculos, capaz de comerse un oso y de trasegar una arroba de vino. Para estas personas vitalidad es sinónimo de brutalidad. Yo quisiera que mis lectores entendiesen por vitalidad simplemente el poder de creación orgánica en que la vida consiste, cualquiera que sea su misterioso origen. Vitalidad es el poder que la célula sana tiene de engendrar otra célula, y es igualmente vitalidad la fuerza arcana que crea un gran imperio histórico. En cada especie y variedad de seres vivos la vitalidad o poder de creación orgánica toma una dirección o estilo peculiar.

Como el semita y el romano tuvieron su estilo propio de vitalidad, también lo tiene el germano. Creó arte, ciencia, sociedad de una cierta manera, y sólo de ella, según un determinado módulo, y sólo según él. Cuando en la historia de un pueblo se advierte la ausencia o escasez de ciertos fenómenos típicos, puede asegurarse que es un pueblo enfermo, decadente, desvitalizado. Un pueblo no puede elegir entre varios estilos de vida: o vive conforme al suyo, o no vive. De un avestruz que no puede correr es inútil esperar que, en cambio, vuele como las águilas.

Pues bien: en la creación de formas sociales el rasgo más característico de los germanos fué el feudalismo. La palabra es impropia y da ocasión a confusiones, pero el uso la ha impuesto. En rigor, sólo debiera llamarse feudalismo al conjunto de fórmulas jurídicas que desde el siglo xi se emplean para definir las relaciones entre los «señores» o «nobles». Pero lo importante no es el esquematismo de esas fórmulas, sino el espíritu que preexistía a ellas y que luego de arrumbadas continuó operando. A ese espíritu llamo feudalismo. El espíritu romano, para organizar un pueblo, lo primero que hace es fundar un Estado. No concibe la existencia y la actuación de los individuos sino como miembros sumisos de ese Estado, de la

«Civitas». El espíritu germano tiene un estilo contrapuesto. El pueblo consiste para él en unos cuantos hombres enérgicos que con el vigor de su puño y la amplitud de su ánimo saben imponerse a los demás, y haciéndose seguir de ellos, conquistar territorios, hacerse «señores» de tierras. El romano no es «señor» de su gleba: es, en cierto modo, su siervo. El romano es agricultor. Opuestamente, el germano tardó mucho en aprender y aceptar el oficio agrícola. Mientras tuvo ante sí en Germania vastas campiñas y anchos bosques donde cazar desdeñó el arado. Cuando la población creció y cada tribu o nación se sintió apretada por las confinantes tuvo que resignarse un momento y poner la mano hecha a la espada en la curva mancera. Poco duró su sujeción a la pacífica faena. Tan pronto como el valladar de las legiones imperiales se debilitó, los germanos resolvieron ganar los feraces campos del Sur y el Oeste y encargar a los pueblos vencidos de cultivárselos. Este dominio sobre la tierra, fundado precisamente en que no se la labra, es el «señorío».

Los «señores» van a ser el poder organizador de las nuevas naciones. No se parte, como en Roma, de un Estado municipal, de una idea colectiva e impersonal, sino de unas personas de carne y hueso. El Estado germánico consiste en una serie de relaciones personales y privadas entre los señores. Para la conciencia contemporánea es evidente que el derecho es anterior a la persona, y, como el derecho supone sanción, el Estado será también anterior a la persona. Hoy un individuo que no pertenezca a ningún Estado no tiene derechos. Para el germano, lo justo es lo inverso. El derecho sólo existe como atributo de la persona. El Cid, cuando es arrojado de Castilla, no es ciudadano de ningún Estado y, sin embargo, posee todos sus derechos. Lo único que perdió fué su relación privada con el rey y las prebendas que de ella se derivaban.

Esta acción personal de los señores germanos ha sido el cincel que esculpió las nacionalidades occidentales. Cada cual organizaba su señorío, lo saturaba de su influjo individual. Luchas, amistades, enlaces con los señores colindantes, fueron produciendo unidades territoriales cada vez más extensas, hasta formarse los grandes ducados. El rey, que originariamente no era sino el primero entre los iguales, «primus inter pares», aspira de continuo a debilitar esta minoría poderosa. Para ello se apoya en el «pueblo» y en las ideas romanas. En ciertas épocas parecen los «señores» vencidos y el unitarismo monárquico-plebeyo-sacerdotal triunfa. Pero el vigor de los señores francos se recupera y reaparece a poco la estructura feudal.

Quien crea que la fuerza de una nación consiste sólo en su unidad juzgará pernicioso el feudalismo. Pero la unidad sólo es definitivamente buena cuando unifica grandes fuerzas preexistentes. Hay una unidad muerta, lograda merced a la falta de vigor en los elementos que son unificados.

Por esto es un grandísimo error suponer que fué un bien para España la debilidad de su feudalismo. Cuando oigo lo contrario me produce la misma impresión que si oyese decir: es bueno que en la España actual haya pocos sabios, pocos artistas, y, en general, pocos hombres de mucho talento, porque el vigor intelectual promueve grandes discusiones y lleva a contiendas y trapatiestas. Pues bien: lo que en la sociedad actual representa la minoría de superior intelecto, fué en la hora germinal de nuestras naciones la minoría de los feudales. En Francia hubo muchos y poderosos; lograron plasmar históricamente, saturar de nacionalización hasta el último átomo de masa popular. Para esto fué preciso que viviese largos siglos dislocado el cuerpo francés en moléculas innumerables, las cuales, conforme llegaban a madurez de cohesión interior, se trababan en texturas más complejas y amplias hasta formar las provincias, los condados, los ducados. El poder de los «señores» defendió ese necesario pluralismo territorial contra una prematura unificación en reinos.

Pero los visigodos, que arriban ya extenuados, degenerados, no poseen esa minoría selecta. Un soplo de aire africano los barre de la península y cuando luego la marea musulmana cede, se forman desde luego reinos, con monarca y plebe, pero sin suficiente minoría de nobles. Se me dirá que, a pesar de esto, supimos dar cima a nuestros gloriosos ocho siglos de Reconquista. Y a ello respondo ingenuamente que yo no entiendo cómo se puede llamar Reconquista a una cosa que dura ocho siglos. Si hubiera habido feudalismo probablemente habría habido verdadera Reconquista, como hubo en otras partes Cruzadas, ejemplos maravillosos de lujo vital, de energía superabundo, de sublime deportismo histórico.

La anormalidad de la historia española ha sido demasiado permanente para que obedezca a causas accidentales. Hace cincuenta años se pensaba que la decadencia nacional venía sólo de unos lustros atrás. Costa y su generación comenzaron a entrever que la decadencia tenía dos siglos de fecha. Va para quince años, cuando yo comenzaba a meditar sobre estos asuntos, intenté mostrar que la decadencia se extendía a toda la edad moderna de nuestra historia. Razones de método, que no es útil reiterar ahora, me aconsejaban limitar el problema a ese período, el mejor conocido de la historia europea, a fin de precisar más fácilmente el diagnóstico de nuestra debilidad. Luego, mayor estudio y reflexión me han enseñado que la decadencia española no fué menor en la Edad Media que en la Moderna y contemporánea. Ha habido algún momento de suficiente salud; hasta hubo horas de esplendor y de gloria universal; pero siempre salta a los ojos el hecho evidente de que en nuestro pasado la anormalidad ha sido lo normal. Venimos, pues, a la conclusión de que la historia de España entera, y salvas fugaces jornadas, ha sido la historia de una decadencia.

Esto, claro está, es absurdo. La decadencia es un concepto relativo a un estado de salud; y como España no ha tenido nunca salud—ya veremos que su hora mejor tampoco fué saludable—, no cabe decir que ha decaído.

¿No es esto un juego de palabras? Yo creo que no. Si se habla de decadencia, como si se habla de enfermedad, tenderemos a buscar las causas de ella en acontecimientos, en desventuras sobrevenidas a quien las padece. Buscaremos el origen del mal fuera del sujeto paciente. Pero si nos convencemos de que éste no fué nunca sano, renunciaremos a hablar de decadencia y a inquirir sus causas; en vez de ello, hablaremos de defectos de constitución, de insuficiencias originarias, nativas, y este nuevo diagnóstico nos llevará a buscar causas de muy otra índole, a saber: no externas al sujeto, sino íntimas, constitucionales.

Este es el valor que tiene para mí transferir toda la cuestión de la Edad Moderna a la Edad Media, época en que España se constituye. Y si yo gozase de alguna autoridad sobre los jóvenes capaces de dedicarse a la investigación histórica, me permitiría recomendarles que dejasen de andar por las ramas y estudiasen los siglos medios y la generación de España. Todas las explicaciones que se han dado de su decadencia no resisten cinco minutos del más tosco análisis. Y es natural, porque mal puede darse con la causa de una decadencia cuando esta decadencia no ha existido.

El secreto de la desdicha española está en la Edad Media. Ensaye quien quiera la lectura paralela de nuestras crónicas medievales y de las francesas. El resultado será pavoroso por su misma evidencia y luminosidad. Esa comparación revela que, poco más o menos, la misma distancia hoy existente entre la vida española y la francesa existía entonces.

Pero dejemos esto. En el índice de pensamientos que es este ensayo, yo me proponía tan sólo subrayar uno de los defectos más graves y permanentes de nuestra raza: la ausencia de una minoría selecta, suficiente en número y calidad. La caquexia del feudalismo español nos significa que esa ausencia fué inicial; que los «mejores» faltaron ya en la hora augural de nuestra génesis; que nuestra nacionalidad, en suma, tuvo una embriogenia defectuosa.

La mejor comprobación que puede recibir una idea es que sirva para explicar, además de la regla, la excepción. La escasez y debilidad de los «señores» explica la carencia de vigor que aqueja a nuestra Edad Media. Pues bien, ella misma, sin añadidura, explica también nuestra sobra de vigor de 1480 a 1600, el gran siglo de España.

Siempre ha sorprendido que del estado miserable en que nuestro pueblo se hallaba hacia 1450 se pase, en cincuenta años o pocos más, a una prepotencia desconocida en el mundo nuevo y sólo comparable a la de Roma en el antiguo. ¿Brotó de súbito en España una poderosa floración de cultura? ¿Se improvisó en tan breve período una nueva civilización con técnicas poderosas e insospechadas? Nada de esto. Entre 1450 y 1500 sólo un hecho nuevo de importancia acontece: la unificación peninsular.

Tuvo España el honor de ser la primera nacionalidad que logra ser una, que concentra en el puño de un rey todas sus energías y capacidades. Esto basta para hacer comprensible su inmediato engrandecimiento. La unidad es un aparato formidable que, por sí mismo y aun siendo muy débil quien lo maneja, hace posibles las grandes empresas. Mientras el pluralismo feudal mantenía desparramado el poder de Francia, de Inglaterra, de Alemania, y un atomismo municipal disociaba a Italia, España se convierte en un cuerpo compacto y elástico.

Mas con la misma subitaneidad que la ascensión de nuestro pueblo en 1500, se produce su descenso en 1600. La unidad obró como una inyección de artificial plenitud, pero no fué un síntoma de vital poderío. Al contrario: la unidad se hizo tan pronto porque España era débil, porque faltaba un fuerte pluralismo sustentado por grandes personalidades de estilo feudal. El hecho, en cambio, de que todavía en pleno siglo XVII sacudan el cuerpo de Francia los magníficos estremecimientos de la Fronda, lejos de ser un síntoma morboso, descubre los tesoros de vitalidad aun intactos que el francés conservaba del franco.

Convendría, pues, invertir la valoración habitual. La falta de feudalismo, que se estimó salud, fué una desgracia para España; y la pronta unidad nacional, que parecía un glorioso signo, fué propiamente la consecuencia del anterior desmedramiento.

Con el primer siglo de unidad peninsular coincide el comienzo de la colonización americana. Aun no sabemos lo que propiamente fué este maravilloso acontecimiento. Yo no conozco ni siquiera un intento de reconstruir sus caracteres esenciales. La poca atención que se le ha dedicado fué absorbida por la conquista, que es sólo su preludio. Pero lo importante, lo maravilloso, no fué la conquista —sin que yo pretenda mermar a ésta su dramática gracia—; lo importante, lo maravilloso, fué la colonización. A pesar de nuestra ignorancia sobre ella, nadie puede negar sus dimensiones como hecho histórico de alta cuantía. Para mí, es evidente que se trata de lo único verdadera, sustantivamente grande, que ha hecho España. ¡Cosa peregrina! Basta acercarse un poco al gigantesco suceso, aun renunciando a perescrutar su fondo secreto, para advertir que *la colonización española de América fué una obra popular.* La colonización inglesa es ejecutada por minorías selectas y poderosas. Desde luego toman en su mano la empresa grandes Compañías. Los «señores» ingleses habían sido los primeros en abandonar el exclusivo oficio de la guerra, y aceptar como faenas nobles el comercio y la industria. En Inglaterra, el espíritu audaz del feudalismo acertó muy pronto a desplazarse hacia otras empresas menos bélicas, y, como Sombart ha mostrado, contribuyó grandemente a crear el moderno capitalismo. La empresa guerrera se transforma en empresa industrial, y el paladín, en empresario. La mutación se comprende fácilmente: durante la Edad Media era Inglaterra un país muy pobre. El «señor» feudal tenía periódicamente que caer sobre el continente en busca de botín. Cuando éste se consumía, a la hora de comer, la dama del feudal le hacía servir en una bandeja una espuela. Ya sabía el caballero lo que esto significaba: despensa vacía. Calzaba la espuela, y saltaba a Francia, tierra ubérrima.

La colonización inglesa fué la acción reflesiva de minorías, bien en consorcios económicos, bien por secesión de un grupo selecto, que busca tierras donde servir mejor a Dios. En la española, es el «pueblo» quien directamente, sin propósitos conscientes, sin directores, sin táctica deliberada, engendra otros pueblos. La grandeza y la miseria de nuestra colonización vienen ambas de aquí. Nuestro «pueblo» hizo todo lo que tenía que hacer: pobló, cultivó, cantó, gimió, amó. Pero no podía dar a las naciones que engendraba lo que no tenía: disciplina superior, cultura vivaz, civilización progresiva.

Creo que ahora se entenderá mejor lo que más arriba he dicho: en España lo ha hecho todo el «pueblo», y lo que no ha hecho el «pueblo», se ha quedado sin hacer. Pero una nación no puede ser sólo «pueblo»; necesita una minoría egregia, como un cuerpo vivo no es sólo músculo, sino, además, ganglio nervioso y centro cerebral.

La ausencia de los «mejores», o, cuando menos, su escasez, actúa sobre toda nuestra historia, y ha impedido que seamos nunca una nación suficientemente normal, como lo han sido las demás nacidas de parejas condiciones. Ni extrañe que yo atribuya a una ausencia, a una negación, una actuación positiva. Nietzsche sostenía, con razón, que en nuestra vida influyen, no sólo las cosas que nos pasan, sino también, y acaso más, las que no nos pasan.

La ausencia de los «mejores» ha creado en la masa, en el «pueblo», una centenaria ceguera para distinguir el hombre mejor del hombre peor; de suerte que cuando en nuestra tierra aparecen individuos privilegiados, la «masa» no sabe aprovecharlos, y a menudo los aniquila.

Somos un pueblo «pueblo», raza agrícola,

temperamento rural. Es el signo más característico de las sociedades sin minoría esto que llamo ruralismo. Cuando se atraviesan los Pirineos y se ingresa en España, se tiene siempre la impresión de que se llega a un pueblo de labriegos. La figura, el gesto, el repertorio de ideas y sentimientos, las virtudes y los vicios son típicamente rurales. En Sevilla, ciudad de tres mil años, apenas si se encuentran por la calle más que fisonomías de campesinos. Podréis distinguir entre el campesino rico y el campesino pobre; pero echaréis de menos ese afinamiento de rasgos que la urbanización, que la selección debía haber fijado en un tipo de hombre, producto de una ciudad tres veces milenaria.

Hay pueblos que se quedan por siempre en ese estadio elemental de la evolución, que es la aldea. Podrá ésta contener un enorme vecindario; pero su espíritu será siempre labriego. Existen en el Sudán ciudades — Kano, Bida, por ejemplo — de doscientos mil y más habitantes, las cuales arrastran inmutables su existencia rural desde cientos y cientos de años.

Hay pueblos labriegos, «felahs» (1), «muyiks»...; es decir, pueblos sin «aristocracia».

---

(1) Con error se usa la palabra «felah» para designar exclusivamente las clases humildes de Egipto. «Felah» significa en árabe «labriego», que es lo que significa «muyik».

IMPERATIVO DE SELECCIÓN

Que nuestra raza no haya conseguido superar el ruralismo es una maldición para España. Pero que no habiéndolo logrado finjamos, con la fantasmagoría de unas cuantas ciudades pseudomodernas, ser una nación normal, es mucho peor. Toda reforma profunda de nuestro organismo colectivo tiene que partir del reconocimiento de que somos un pueblo *felah*, una humanidad campesina, y que es preciso volver la atención a la gleba y al soto para ensayar de nuevo su organización (1).

La gran desdicha de la historia española ha sido la carencia de minorías egregias y el imperio imperturbado de las masas. Por lo mismo, de hoy en adelante, un imperativo debiera gobernar los espíritus y orientar las voluntades: el imperativo de selección.

---

(1) En el tomo III de «El Espectador» he publicado un ensayo escrito en 1915, donde hablo del ruralismo español desde un punto de vista complementario del que las páginas presentes procuran utilizar.

Porque no existe otro medio de purificación y mejoramiento étnicos que este eterno instrumento de una voluntad que opera selectivamente. Usando de ella como de un cincel es preciso forjar un nuevo tipo de hombre español.

Mas este asunto debe quedar aquí intacto para que lo meditemos en otro ensayo de ensayo.

FE DE ERRATAS

Pág.	Línea	DICE	DEBE DECIR
14	1	la de Roma, Mommsen	la de Roma. Mommsen
14	6	frente al blanco papel. Mommsen	frente al blanco papel, Mommsen
17	6	*fœdus latina*	*fœdus larinum*
18	19	pueblos, distintos	pueblos distintos
25	8	un carácter, un adjetivo	un carácter adjetivo
43	4	madurez	desnudez
50	1 (nota)	coma	como

ÍNDICE

	Págs.
Incorporación y desintegración	13
Potencia de nacionalización	23
¿Por qué hay separatismo?	29
Tanto monta	35
Particularismo	45
Compartimentos estancos	59
El caso del grupo militar	69
Acción directa	77
Pronunciamientos	85
¿No hay hombres o no hay masas?	95
Imperio de las masas	105
Épocas «Kitra» y épocas «Kali»	115
La magia del «debe ser»	123
Ejemplaridad y docilidad	129
La ausencia de los «mejores»	143
Imperativo de selección	167

CPSIA information can be obtained
at www.ICGtesting.com
Printed in the USA
LVHW010546130720
660492LV00007B/62